Nossrat Peseschkian

Klug ist jeder.
Der eine vorher, der andere nachher.

HERDER spektrum

Band 5370

Das Buch

Wir lernen aus Erfahrung – und wenn es gut geht, werden wir dabei klüger und vielleicht sogar weise. Die gute Nachricht: Manche Erfahrungen muss man nicht selber machen, um daraus zu lernen: Nossrat Peseschkian zeigt mit vielen Geschichten und Lebensweisheiten, wie wir den alltäglichen Fallstricken des Lebens entgehen – und wenn wir dabei schon einmal hinfallen, mit dem Bewusstsein aufstehen, dass wir künftig nicht wieder über die gleichen Dinge stolpern. Es gilt, Fähigkeiten einzusetzen, die bisher zu kurz gekommen sind, um zu besser und weiser zu leben. Und die beste Nachricht: in vielen Bereichen sind wir schon klug – wir müssen es nur erkennen. Das Buch von Nossrat Peseschkian gibt auf leichte und heitere Weise Orientierung und Hinweise, wie das geht.

Der Autor

Nossrat Peseschkian, Professor Dr. med., Facharzt für Neurologie, Psychiatrie und Psychotherapie, Facharzt für Psychtherapeutische Medizin. Gründer und Leiter der Wiesbadener Akademie für Psychotherapie und Begründer der Positiven Psychotherapie, Dozent an der Akademie für ärztliche Fort- und Weiterbildung der Landesärztekammer Hessen. Er wurde 1933 im Iran geboren und lebt seit 1954 in Deutschland. Intensive Forschungs- und Lehrtätigkeit in über 60 Staaten. Träger des Richard-Merten-Preises. Autor zahlreicher Bücher. Zuletzt bei Herder Spektrum: „Wenn du willst, was du noch nie gehabt hast, dann tu, was du noch nie getan hast"; „Es ist leicht, das Leben schwer zu nehmen. Aber schwer, es leicht zu nehmen – Geschichten und Lebensweisheiten". In Vorbereitung: „Das Leben ist ein Paradies, zu dem wir den Schlüssel finden können."

Nossrat Peseschkian

Klug ist jeder.
Der eine vorher,
der andere nachher.

Geschichten und Lebensweisheiten

HERDER
FREIBURG · BASEL · WIEN

Gedruckt auf umweltfreundlichem,
chlorfrei gebleichtem Papier

Originalausgabe

3. Auflage

Alle Rechte vorbehalten – Printed in Germany
© Verlag Herder Freiburg im Breisgau 2003
www.herder.de
Satz: Dtp-Satzservice Peter Huber, Freiburg
Herstellung: fgb · freiburger graphische betriebe 2004
www.fgb.de
Umschlaggestaltung und Konzeption:
R·M·E München / Roland Eschlbeck, Liana Tuchel
Umschlagmotiv: © Zefa
ISBN 3-451-05370-5

Inhalt

Zur Einstimmung:
Wer ist klug, wer ist weise?

Klugheit	Weisheit
Klugheit ist die Fähigkeit, sich ständig zu informieren und weiterzubilden	Weisheit ist Fähigkeit, sich nicht über alle Dinge zu informieren
Prinzipien und Regeln sind wichtig	Mitmenschen sind wichtig
Fähigkeit, Wissen entweder sofort weiterzugeben oder auch für sich zu behalten	Fähigkeit zu erkennen, wann man etwas sagt, wo man etwas sagt, wie viel man sagt und wozu man etwas sagt
Ausdauer in der Leistung	Geduld anderen und sich selbst gegenüber
Ausbildung	Bildung
Beruf spielt die zentrale Rolle	Mitmenschen spielen die zentrale Rolle
lebenstüchtig	lebensfähig
bedingtes Schicksal	bestimmtes Schicksal
Wissenschaft	Ethik, Moral, Weltanschauung, Religion
Reichtum	Reife
materielle Zivilisation	geistige Zivilisation
Verdrängung des Todes	Tod als Teil des Lebens

Lebensklugheit bedeutet,
alle Dinge möglichst wichtig,
aber keines völlig ernst zu nehmen.
(ARTHUR SCHNITZLER)

Aus Erfahrung wird man klug.
Aber nicht jede Erfahrung muss man selber machen ...

Einleitung

*Ein kluger Mensch sollte zweimal auf die
Welt kommen: einmal um Erfahrungen zu sammeln,
beim zweiten Mal, um diese anzuwenden.*

Zwischen Vordenken und Nachdenken unterscheiden lernen
*Auf dem Bauernhof wurde der Tisch gedeckt. Als die Bäuerin
ins Haus ging, um noch etwas zu holen, holte sich die Krähe
ein Stückchen Käse und flog fort. Auf dem Ast eines Nussbau-
mes machte sie es sich bequem und wollte ungestört den Käse
herunterschlingen. Da kam der hungrige Fuchs vorbei und sah
die Krähe. Angezogen vom Geruch des Käses sagte er freundlich: „Liebe Frau Krähe, Sie, die Königin der Vogelwelt mit
Ihren glänzenden Federn, Ihrem entzückenden Schnabel und
Ihren schwarzen Perlaugen sind wie ein Gedicht. Ich bin davon überzeugt, dass Ihre Stimme genauso lieblich ist wie Ihre
äußere Erscheinung."*

*Die Krähe fühlte sich sehr geschmeichelt, machte den
Schnabel auf, um zu singen. So fiel der Käse in den Rachen des
Fuchses.*

*Der Fuchs lachte, lief freudig weg und sagte: „Du hast
nicht verstanden, was ich dir gesagt habe. Ich habe über deine
Schönheit gesprochen, aber nicht über deine Klugheit."*

Diese jahrhundertealte Geschichte wird in verschiedenen
Kulturen unterschiedlich dargestellt und interpretiert mit dem
Ziel, die Fähigkeit zu Weisheit, Klugheit und Reife durch
Unterscheidung zu fördern.

Das entscheidende Kennzeichen dieser veränderten und
neuen Haltung des Menschen ist es, dass alle wesentlichen
Unterscheidungen, unter denen der Mensch leidet wie:

Einzigartigkeit – Gleichheit	Erkenntnisfähigkeit – Liebesfähigkeit
Gerechtigkeit – Liebe	Bildung – Ausbildung
Identifikation – Projektion	Primäre – Sekundäre Fähigkeiten
Wissen – Glauben	Entwicklung – Fixierung
Materie – Geist	Glück – Unglück
Angeboren – Erworben	Mann – Frau
Mensch – Tier	Leben – Tod
Bewusstes – Unbewusstes	Liebe – Hass
Bestimmtes – Bedingtes Schicksal	Individuum – Gemeinschaft
Tod – Einstellung zum Tod	Sex – Sexualität – Liebe
Glaube – Religion – Kirche	Weiß – Schwarz

sich in seinem Inneren wie auch in der Welt durch ein verändertes und erweitertes Bewusstsein lösen. Sie stehen sich nicht mehr als unvereinbar gegenüber, sondern als verschieden im Sinne einer Einheit in der Mannigfaltigkeit.

Die Fähigkeit, zu unterscheiden

Allen unseren körperlichen, seelischen und sozialen Funktionen liegt die Fähigkeit zur Differenzierung bzw. Unterscheidung zugrunde. Der therapeutische Eingriff, gleichgültig, welche Methoden im Einzelnen angewandt werden, ist letzlich der Versuch, dem Betroffenen eine verfeinerte, situationsangemessene Unterscheidung zu ermöglichen. Sie gestattet es ihm, sich den Anforderungen einer Situation im Rahmen seiner Zielvorstellung angemessen zu verhalten.

Die Positive Psychotherapie hinterfragt gerade die Bezugssysteme des alltäglichen Verhaltens. „Positiv" meint entsprechend seinem ursprünglichen Wortsinn (lat.: positum) das Tatsächliche, das Vorgegebene. Tatsächlich und vorgegeben sind nicht notwendigerweise die Konflikte und Störungen, sondern auch die Fähigkeiten, die jeder Mensch mit sich bringt. Das heißt nicht, alles mit einem positiven Vorzeichen zu versehen. Die Positive Psychotherapie versucht, zwischen dem kritischen Verhalten und den Fähigkeiten zu differenzieren. Erst dieses Vorgehen erlaubt es, konfliktarme oder stabile Verhaltensanteile von den Symptomen zu trennen. Es befähigt den Betroffenen und seine Umgebung, besser mit bestehenden Problemen umzugehen.

Die Bedeutung der Zeit

Der Mensch unterscheidet sich vom Tier durch das Bewusstsein, die Fähigkeit, über die zeitlichen Kategorien „Vergangenheit", „Gegenwart" und „Zukunft" zu verfügen und sie voneinander zu unterscheiden. Die Schärfe, mit der sich ein Mensch der Kategorien der Zeit besinnt und sich ihrer zu bedienen versteht, charakterisiert seine Befähigung, die Anforderungen des Lebens zu bewältigen.

Schon der Höhlenbewohner der Frühzeit war auf Zeitsinn angewiesen, um die Herrschaft über die ihm physisch überlegenen Tiere zu erlangen. Und in eben dieser Fähigkeit, künftige Bedürfnisse ins Auge zu fassen und in der Gegenwart auf die Erfahrungen der Vergangenheit zurückzugreifen, um den Forderungen der Zukunft zu begegnen, liegt der Erfolg des Menschen im Kampf ums Dasein begründet. Sie hat ihm nicht nur die endgültige Herrschaft über die Rivalen aus dem Tierreich gesichert. Sie ermöglichte den Menschen, die Welt zu beherrschen und deren Schätze für seine Bedürfnisse auszubeuten.

Anders als das Tier kann der Mensch auf eigene lebensgeschichtliche Erfahrungen und die anderer Menschen vor ihm bewusst zurückgreifen. Er hat die Chance, sich auf der geschichtlichen Ebene weiterzuentwickeln, indem er auf den Erfahrungen der kollektiven Vergangenheit aufbaut.

Die Bedeutung kleiner Konflikte

Wir haben uns daran gewöhnt, zwischenmenschliche Konflikte für etwas Selbstverständliches zu nehmen, um das wir uns nur dann kümmern, wenn es ein bestimmtes Maß überschritten hat. Was unter diesem Maß liegt, gehört zum Leben dazu, so meinen wir. Mit dieser Auffassung berücksichtigen wir nur die Spitze des Eisberges, die es, um bei dem Bild zu bleiben, gar nicht geben würde, wenn nicht so viel Eis unter dem Wasser triebe. Auf unsere Konflikte übertragen heißt das: Was uns kränkt, worüber wir uns ärgern, was Schuldgefühle und Angst verursacht, liegt in scheinbar kleineren Konflikten begründet, die wir zunächst kaum wahrnehmen. Doch sie sind es, die uns auf den großen, den zerstörerischen, kränkenden Konflikt vorbereiten, der unser Erleben und Verhalten beeinträchtigt.

Kränkung macht krank und Krankheit kränkt

Hinter den Symptomen und Konflikten von Patienten und Klienten habe ich die inhaltlichen Bedingungen dieser Konflikte zu erfassen versucht. Dies führte dazu, die Aktualfähigkeiten zusammenzustellen. Zunächst war mir die psychotherapeutische Bedeutung von Höflichkeit und Ehrlichkeit aufgefallen. Diese zwei Verhaltensmodi boten eine Leitlinie für die Ergänzung des Inventars der Aktualfähigkeiten.

Die Bedeutung von Aktualfähigkeiten

Damit wir in die Lage versetzt werden, Konflikte und ihre Hintergründe zu identifizieren, wollen wir eine Auswahl zusammengetragener kleiner Problemsituationen darstellen. Mit ihnen schlagen wir uns jeden Tag herum, vom Aufstehen bis zum Einschlafen. Mit ihnen haben wir ständig zu tun.

Die Aktualfähigkeiten spielen in unserem Familien- und Berufsleben eine hervorragende Rolle. Unsere heutige Zivilisation basiert auf typischen Erscheinungsformen. Bemerkenswert ist, das nahezu jeder mit den Aktualfähigkeiten umgeht, ohne das ihm in allen Fällen bewusst wäre, was sie bedeuten. Selbst in den bekanntesten Wörterbüchern und Enzyklopädien werden sie nur stiefmütterlich behandelt.

Die Fähigkeit zur Freiheit

Das Verhalten von Tieren ist hauptsächlich von Instinkten gesteuert. Der Mensch hingegen wird sozialisiert, lernt soziales Verhalten und hat damit einen Freiheitsspielraum. Seine Fähigkeiten können durch die Umwelt entwickelt werden; zu ihnen gehören die Eigenschaften und Eigenarten eines Menschen. Inhaltlich aufgeschlüsselt, handelt es sich vor allem um die primären und sekundären Fähigkeiten.
Das Tier zeigt wohl ein gewisses Sauberkeits-, Sparsamkeits-, Ordnungs- und Fleißverhalten. Diese Fähigkeiten sind instinktiver Art. Sie sind angeboren und weitgehend unveränderlich. Der Mensch als soziales Wesen besitzt prinzipiell die Möglichkeit zu den einzelnen Aktualfähigkeiten. Diese werden aber erst im Laufe der Sozialisation durch Lernerfahrungen entwickelt, ergänzt, entfaltet und verfeinert. Die Bedeutung der primären und sekundären Fähigkeiten für die sozialen Beziehungen zeigt einen grundsätzlichen Unterschied zwischen Mensch und Tier.

Die Bedeutung von Sozialisationsnormen (Aktualfähigkeiten) im Alltagsleben

Da die Aktualfähigkeiten in ihrer psychosozialen Bedeutung meist nur randständig berücksichtigt werden, haben wir sie unter dem psychotherapeutischen Gesichtspunkt zusammengestellt. Um die Aktualfähigkeiten zu operationalisieren, das

heißt, aus ihrer abstrakten Begrifflichkeit in konkrete Fragestellungen und Situationen überführen zu können, geben wir
nach Definition und kurzer Skizze wesentlicher Entwick-
lungsmerkmale Beispiele, wie man nach den jeweiligen Aktualfähigkeiten fragt.

Der praktische Umgang mit Aktualfähigkeiten

Bei diesen Fragen berücksichtigen wir vor allem das prakti-
sche Vorgehen in einem gelockerten Interview. Sie sind gewissermaßen Beispiele und Schlüsselfragen, an die sich andere, spezifischere Fragen anschließen können. Die Synonyme
und Störungen sollten es dem Leser erleichtern, sich unter
den Aktualfähigkeiten die entsprechende Situationen aus
dem täglichen Leben vorzustellen und eine Übertragung auf
entsprechende, jedoch hier nicht ausgeführte Situationen ermöglichen.

Die Aneignungen zum Dialog fassen Konfliktlösungsstra-
tegien stichwortartig zusammen – nicht als Kochrezept, sondern als Anstoß für weitere eigene Überlegungen.

Der Sinn von Lebensweisheiten

Wozu Geschichten, Lebensweisheiten und Sprichwörter?

Zum einen wird durch diese Bildsprache der Bereich der
Phantasie und Intuition angesprochen und auch die Ressour-
cen der rechten Hirnhälfte mobilisiert, zum anderen wird die
direkte verbale Konfrontation mit einem Problem und damit
die Bildung von Widerständen vermieden. Beides zusammen
öffnet das Tor zur Phantasie und bewirkt einen Standort-
wechsel, wo Probleme in einem anderen Licht erscheinen.

Mit der Geschichte und Lebensweisheit deutet der Therapeut nicht im Sinne einer vorgegebenen Theorie, sondern
bietet dem Klienten ein Gegenkonzept an, was er annehmen
oder ablehnen kann.

In der psychotherapeutischen Situation werden die Gegenkonzepte als Verschreibungen angeboten. Dem Klienten wird die Aufgabe gestellt, sich mit dem Gegenkonzept zu beschäftigen. Dies kann bedeuten: eine Geschichte oder Lebensweisheit zu lesen, über sie nachzudenken, über sie zu sprechen oder niederzuschreiben, wie man sie versteht.

Ein weiteres Anliegen ist es, die Weisheiten und intuitiven Gedanken des Orients mit den neuen psychotherapeutischen Erkenntnissen des Okzidents zu vereinen. Nicht nur die Grundsätze der großen Religionen, sondern auch die Weisheiten orientalischer und westlicher Philosophen und Wissenschaftler werden im Licht der modernen Psychotherapie betrachtet.

Während dieses Buch auf die Spielformen des Alltagsleben eingeht, gehen meine früheren Bücher (erschienen im Verlag Herder, im Fischer Verlag als Taschenbücher und im Thieme Verlag) vorrangig auf psychotherapeutische Fragestellungen und Selbsthilfe ein, so dass letztlich ein Buch das andere ergänzt. Daher werden an manchen Stellen bestimmte Konzepte zur Verdeutlichung dieses Buches aus meinen früheren Veröffentlichungen einbezogen.

Der Weise trägt sein Glück bei sich.

❖

Der Weise tut das am Anfang, was der Narr am Ende tut.

❖

Besser mit Schaden als mit Schande klug werden.

❖

Öffne nicht die Knoten mit den Zähnen,
was du mit den Fingern schaffst.
Sei nicht so süß, dass man dich auffrisst.
Und sei nicht so bitter, dass man dich ausspuckt.

❖

Ich klage nicht über das Leid, das mir Fremde antun,
sondern über das Leid, das mir Freunde zufügen.

*Eigene Erfahrungen sind teuer –
fremde Erfahrungen sind kostbar.*

Das Geheimnis des Marionettenspiels

*Im Zelt eines Marionettenspielers stand dicht gedrängt eine
Menschenmenge, die lauthals lachend dem Spiel der Mario-
netten folgte. Ganz hinten stand ein Vater mit seinem Sohn.
Während der Vater auf den Zehenspitzen stehend die Szene gerade noch sehen konnte, reichte der Sohn mit seinem Kopf nur
bis zur Hüftschärpe der Umstehenden. Er reckte sich den Hals
aus und weinte schließlich, bis ihn der Vater auf die Schultern
nahm. War das ein Vergnügen! Hoch oben über alle Turbane
hinweg sah nun der Junge das lustige Spiel der Puppen. Er
weinte nicht mehr, sondern jauchzte, hüpfte auf den Schultern
des Vaters, als wäre er ein Reiter und der Vater das Pferd.
Begeistert trommelte er mit seinen Fäusten auf den Kopf des
Vaters, trampelte mit seinen Füßen gegen dessen Brust und ver-
gaß völlig, dass er auf seinem Vater saß. Plötzlich merkte er
eine Hand auf seiner Schulter. Erschreckt drehte er sich um
und sah einen weißbärtigen, gütig blickenden Derwisch. „Mein
Sohn," sprach dieser, „du amüsierst dich sehr gut, du siehst
das Marionettentheater besser als viele andere im Zelt. Doch
denke daran, wenn dein Vater sich nicht die Mühe gemacht
hätte, dich auf seine Schultern zu laden, stündest du noch
unten, im Schatten der anderen. Vergiss also nicht, auf wessen
Schultern du sitzt. Du solltest dich freuen und glücklich sein.
Du solltest aber auch die anderen, auf deren Schultern du
glücklich bist, nicht vergessen."*

Die Entwicklung der Positiven Psychotherapie

Eine wichtige Motivation für meinen Ansatz mag gewesen sein, dass ich mich in einer transkulturellen Situation befinde. Als Perser (Iraner) lebe ich seit 1954 in Europa. In dieser Situation wurde ich darauf aufmerksam, dass viele Verhaltensweisen, Gewohnheiten und Einstellungen in den verschiedenen Kulturkreisen häufig unterschiedlich bewertet werden. Höflichkeit im Iran beispielsweise stellt sich anders dar als in Deutschland. Dies bedeutet nicht, dass der Deutsche oder der Iraner deswegen unhöflicher wäre, sondern lediglich, dass beide Kulturkreise eigene Vorstellungen von Höflichkeit haben. In ähnlicher Weise besteht auch für die anderen gängigen psychosozialen Normen eine kulturabhängig Relativität.

In Deutschland gilt das Motto: Was auf den Tisch kommt, wird gegessen. Der Höflichkeitsrest, den man früher zurückgehen ließ, als unpassend, unzeitgemäß. Als höflich wird es hier von vielen angesehen, wenn man der Hausfrau, womöglich der Küche, stillschweigend dadurch ein Kompliment macht, dass man nichts zurücklassen möchte.

Eine deutsche Frau, die im Iran zu Besuch war, wurde krank. Sie litt unter Verdauungsstörungen und klagte: „Ich kann kein Essen mehr sehen. Seit einer Woche bin ich hier. Fast jeden Tag war ich bei einer anderen Familie zu Gast. Meine Gastgeber waren sehr lieb und verwöhnten mich, wo sie nur konnten. Nur das mit dem Essen habe ich nicht verkraftet. Wenn ich meinen Teller leer gegessen hatte – das Essen schmeckte immer ausgezeichnet –, wurde sofort wieder nachgelegt. Um nicht unhöflich zu sein, habe ich auch das noch gegessen. Aber dann wurde wieder nachgelegt. Dies ging solange, bis mir fast schlecht wurde und ich aus reiner Selbsterhaltung keine Rücksicht mehr auf meine Gastgeber nehmen konnte und das Essen einfach stehen ließ. Ich hatte dabei aber ein schlechtes Gewissen, weil die Leute so nett und freundlich waren. Ich wollte nicht unhöflich sein."

Die Besucherin hätte kein schlechtes Gewissen zu haben brauchen, denn im Iran ist es beste Sitte, einen Teil des Essens als Zeichen dafür, dass man satt ist, stehen zu lassen.

Solche Erlebnisse lenkten meine Aufmerksamkeit auf die Bedeutung psychosozialer Normen für die Entstehung zwischenmenschlicher und innerseelischer Konflikte. Dabei fand ich sowohl bei orientalischen als auch bei europäischen und amerikanischen Patienten im Zusammenhang mit den bestehenden Symptomen Konflikte, die auf eine Reihe immer wiederkehrender Verhaltensweisen zurückgehen. Ich versuchte daher, diese Verhaltensnormen zu sichten und einen Überblick über derartige Phänomene zu erhalten. Eng zusammengehörende Begriffe wurden zusammengefasst und schließlich ein Inventar erstellt, mit dessen Hilfe sich die inhaltlichen Komponenten der zentralen Konfliktbereiche beschreiben lassen. Was sich auf dem erzieherischen und psychotherapeutischen Sektor als Konfliktpotential und Entwicklungsdimension darstellte, fand sich im Bereich der Moral und der Religion im normativen Sinn als Tugend wieder.

Aus den psychotherapeutisch relevanten Verhaltens- und Einstellungsnormen entwickelte sich das Differenzierungsanalytische Inventar (DAI) als relativ umfassendes Kategoriensystem. Die darin enthaltenen Verhaltensnormen nannte ich *Aktualfähigkeiten,* ein Begriff, den ich deshalb für notwendig halte, weil diese Normen als Fähigkeiten in der Entwicklung des Menschen vorgegeben sind; sie sind Entwicklungsdimensionen, deren Ausprägung durch günstige oder hemmende Umwelteinflüsse gefördert oder unterdrückt wird. *Aktual*fähigkeiten deshalb, weil sie im täglichen Leben auf die verschiedenste Weise fortwährend aktuell angesprochen werden. Mir stellten sich im Zusammenhang mit den psychosozialen Normen folgende Fragen:

Wodurch kommt es zu Konflikten? Wie lassen sich diese Konflikte angemessen beschreiben? Was steht hinter den Symptomen der psychischen und psychosomatischen Störungen und den Einschränkungen in den zwischenmenschlichen

Beziehungen, und wie können diese Störungen angemessen behandelt werden?

Was heißt „Positive Psychotherapie?"

Der Begriff „positiv" wird üblicherweise als moralische Kategorie verwendet. Allerdings, was „positiv" als Werturteil auch immer sein mag, es hängt von dem Bezugssystem ab, das erst den Maßstab für gut und böse liefert.

Die Positive Psychotherapie hinterfragt gerade diese Bezugssysteme. „Positiv" bedeutet hier etwas Weiteres. Es meint entsprechend seinem ursprünglichen Wortsinn (lat.: positum) das Tatsächliche, das Vorgegebene. Tatsächlich und vorgegeben sind nicht notwendigerweise die Konflikte und Störungen, sondern auch die Fähigkeiten, die jeder Mensch mit sich bringt. Das heißt nicht, alles mit einem positiven Vorzeichen zu versehen. Die Positive Psychotherapie versucht, zwischen dem kritischen Verhalten und den Fähigkeiten zu differenzieren. Erst dieses Vorgehen erlaubt es, konfliktarme oder stabile Verhaltensanteile von dem Symptom zu trennen. Es bereitet den Patienten und seine Umgebung darauf vor, besser mit bestehenden Problemen umzugehen.

Allen unseren körperlichen, seelischen und sozialen Funktionen liegt die Fähigkeit zur Differenzierung zugrunde. Der therapeutische Eingriff, gleichgültig, welche Methoden im Einzelnen angewandt werden, ist letztlich der Versuch, dem Betroffenen eine verfeinerte, situationsangemessene Unterscheidung zu ermöglichen. Sie gestattet es ihm, sich den Anforderungen einer Situation im Rahmen seiner Zielvorstellung angemessen zu verhalten.

Nach traditioneller Auffassung steht zwischen Therapeut und Patient die Krankheit:

Therapeut	Krankheiten – Symptome	Patient

Traditionelles Vorgehen

Sobald wir uns nicht mehr mit der Krankheit beschäftigen, sondern auch die regenerativen Fähigkeiten der Patienten berücksichtigen, erhält die Beziehung zwischen Therapeut und Patient eine neue Qualität:

Therapeut	Fähigkeit Krankheiten – Symptome	Patient

Positives Vorgehen bedeutet, uns und andere Menschen so zu akzeptieren, wie wir/sie gegenwärtig sind. Wir müssen in uns und in ihnen aber auch sehen, was wir bzw. sie werden können. Und so geht es zunächst darum, die Menschen in ihren Störungen und Krankheiten anzunehmen, um dann mit den noch unbekannten, verborgenen und durch die Krankheit verschütteten Fähigkeiten in Kontakt zu kommen.

Die sozialen Beziehungen geraten im Laufe der körperlich-seelischen Reifung immer mehr in den Vordergrund. Entsprechend nimmt auch die psychische und psychosoziale Differenzierung ihren hervorragenden Platz ein. Im psychosozialen Bereich sind im Wesentlichen zwei grundsätzliche Differenzierungsmöglichkeiten zu unterscheiden: die emotionale Differenzierung und die Differenzierung des Wahrnehmens, Wissens und der Leistungsfähigkeit. Das Kind lernt, was angenehm und unangenehm ist, und lernt damit, auch die Eigenschaften und Kennzeichen seiner Umwelt zu unterscheiden:

Wenn ein kleines Kind zum Beispiel lernt, was ein Tisch ist, muss es verschiedene Eigenschaften seiner Umwelt unterscheiden. Eine Hilfe bietet ihm alles, was es wiedererkennen kann. So treffen Eigenschaften in bestimmter Weise immer wieder zusammen. Alles, was vier Beine und darüber eine Platte hat, wird als Tisch erkannt – mögen diese Gegenstände in der Puppenstube stehen oder in der Küche. Hat ein Kind in dieser Weise differenziert und wieder integriert, kann es Tische, die es zuvor noch nie gesehen hat, von allem anderen unterscheiden, was nicht Tisch ist. Diese Unterscheidung gelingt schließlich auch dann, wenn diese „Nicht-Tisch-Gegenstände" Eigenschaften des Tisches aufweisen wie zum Beispiel ein Stuhl. Dieses Vorgehen reduziert die auf den Menschen einstürzende Komplexität, und so kann er besser mit ihr umgehen. Nahezu jedes begriffliche Lernen basiert auf Unterscheidung bzw. Differenzierung und Integration. So lernt ein Kind Schritt für Schritt, was ein Tisch oder ein Ofen ist und wann man den Ofen anfassen kann und wann nicht. Es liegt nahe anzunehmen, dass die Erlebnisqualitäten aus der Zeit der Kindheit den Bezugsrahmen für die Erlebnisse späterer Zeit abgeben: Das Kind lernt, sein soziales Verhalten zu differenzieren und zu unterscheiden, was es tun kann und was nicht. Darauf basiert auch Erziehung. Die Kommunikation zwischen Eltern und Kind beschränkt sich über große Teile hinweg auf Informationen wie:

Lass das; das ist schmutzig; sei still; fass das nicht an; es ist noch nicht Zeit zum Essen; du bist alt genug, dass du nicht mehr in die Hose machst; ich hätte von dir mehr erwartet; geh zum Vater; bleib, bis ich komme; komm nicht zu spät nach Hause; das hast du gut gemacht; was habe ich für ein kluges und braves Kind: wenn du mir hilfst, gehen wir zusammen in die Stadt; räum das auf; wasch dir die Hände vor dem Essen: die Ärmchen gehören nicht auf den Tisch; mit vollem Munde spricht man nicht; gib nicht so viel Geld aus usw.

Man kann sich gut vorstellen, wie solche Aufforderungen, Belobigungen, Mahnungen und Beschimpfungen die Atmosphäre in der Erziehung bestimmen. Das Kind erfährt, was wünschenswert ist und was es tun kann und tun muss, um die Zuwendung der Bezugspersonen zu erlangen. Dieser Differenzierungsprozess, der die Sozialisation kennzeichnet, hat während des ganzen Lebens Bedeutung und wird unter gewissen Bedingungen zur Grundlage von Konflikten.

Differenzierung wird aber auch unter einem anderen Gesichtspunkt bedeutsam. Dann nämlich, wenn es zu Problemen und Konflikten gekommen ist und bisher für selbstverständlich gehaltene Einstellungen und Verhaltensweisen in Frage gestellt werden. Hier spielen zu einem wesentlichen Teil die in der Vergangenheit gelernten Unterscheidungen eine Rolle, die vielleicht für die Situation nicht ausreichen.

Es kann also zu einem Konflikt kommen, wenn die gelernten Unterscheidungen den Anforderungen der Gegenwart oder der Zukunft nicht mehr entsprechen:

Ein junger Student, dem bisher von der Mutter des Zimmer aufgeräumt wurde, dessen Finanzangelegenheiten von ihr erledigt wurden, hatte überhaupt nicht gelernt, seinen Alltag zu organisieren. Er geriet in große Schwierigkeiten, als er plötzlich eine eigene Wohnung hatte und von seiner Umgebung verlangte, dass sie sich genauso verhalten müsse, wie es seine Mutter getan hatte.

Jede unserer Handlungen beinhaltet unterschiedliche Grade der Differenzierung, die von einer äußerst feinen Gliederung bis hin zur Generalisierung reichen kann:

Wenn wir zum Beispiel eine Überweisung ausfüllen, haben wir es bereits mit einer gewissen Differenzierung des Handlungsablaufes und Gliederung der Situation zu tun: Zunächst einmal muss ich einen Vordruck haben und einen Kugelschreiber. Wenn ich nicht weiß, wohin ich ihn gelegt habe, brauche ich erst Zeit, um ihn zu suchen. Ich muss in der Lage sein, auszurechnen, wie viel Geld ich auf dem Konto haben muss, um die Summe zu decken, die ich überweisen möchte. Ich muss wissen, wie ich das Formular ausfüllen muss. Ich muss lesbar schreiben, meine Kontonummer kennen, die richtige Bank aufsuchen. Eine Reihe von Funktionen laufen ab, die zum Teil wie die Glieder einer Kette ineinander greifen. Bereits die Störung einer einzigen dieser Funktionen kann den gesamten Handlungsablauf beeinflussen und zu Konsequenzen führen, die in Hinblick auf die Ursachen unangemessen scheinen: Bei einer Überziehung des Kontos können finanzielle Nachteile durch hohe Überziehungskredite entstehen, wenn eine Angabe fehlt, wird die Summe nicht überwiesen und ich muss Mahngebühren zahlen usw.

Allen diesen Funktionen liegt die Fähigkeit zur Differenzierung zugrunde. Ihren Grad der Differenzierung erhalten sie durch Lernerfahrungen. Der therapeutische Eingriff, gleichgültig welche Methode im Einzelnen angewandt wird, ist letztlich der Versuch, dem Betroffenen eine verfeinerte, situationsangemessene Unterscheidung zu ermöglichen, die es ihm gestattet, sich den Anforderungen einer Situation im Rahmen seiner Zielvorstellungen angemessen zu verhalten. Nicht zuletzt darauf weist der Begriff „Differenzierungsanalyse" der Positiven Psychotherapie hin.

Ich kann nicht voraussehen,
aber ich kann zu etwas den Grund legen.
Denn die Zukunft baut man.
(Antoine de Saint Exupéry)

Kennst du den Unterschied zwischen Schaffenden
und Genießenden? Genießende glauben,
dem Baum liege es an der Frucht, die Schaffenden wissen,
dass es ihm am Samen lag.
(Friedrich Nietzsche)

Man soll den Wert des Menschen nicht nach den
großen Eigenschaften betrachten, die er hat,
sondern nach dem Gebrauch, den er von ihnen macht.
(François La Rochefoucauld)

Im engen Kreis verenget sich der Sinn,
es wächst der Mensch mit seinen größeren Zwecken.
(Friedrich Schiller)

I.

Persönliche Konfliktbewältigungen

Sehr oft ist es nötiger,
sich selbst zu ändern, als die Szenen.

Erst einen Schacht haben und dann ein Minarett stehlen

Ein Mann hatte seit seinen Kindertagen das Minarett seiner
Stadt bewundert. Als kleiner Junge schon war er fasziniert von
der schönen schlanken Form des Bauwerks und der wunderba-
ren blauen Kuppel, die zu jeder Tageszeit in anderen Schattie-
rungen leuchtete. Er stellte sich vor, wie schön es wäre, später
einmal, wenn er groß wäre, dieses Minarett zu besteigen und
es eines Tages ganz für sich allein zu haben. Diesen Traum
träumte er viele Male, wenn er gedankenverloren auf die schö-
ne Kuppel des Minaretts schaute, und es machte ihm gar nicht
aus, dass er wusste, dass es noch größere und schönere Mina-
rette in anderen Städten des Landes gab.

Eines Tages war der Plan in ihm gereift, das Minarett ein-
fach zu stehlen. Da es nur ein kleines Minarett war, war dies
auch gar nicht so schwierig. Doch dann stand er plötzlich vor
dem Problem, wo er das Minarett verstecken sollte, damit
wirklich nur er wusste, wo es war und es wirklich nur ihm
ganz alleine gehörte. So viel er auch überlegte und nach-
dachte, es wollte ihm nicht schnell genug eine Lösung einfal-
len, wo man ein kleines Minarett verstecken könnte. Die Men-
schen in der Stadt würden sofort merken, dass das Minarett
nicht mehr an seinem gewohnten Platz stand, er hatte nur
wenige Stunden Zeit. So verflog die Freude sehr schnell, und
er erkannte, dass man erst einen Schacht haben muss, ehe man
ein Minarett stiehlt.

Die Fähigkeit, die Folgen einer Handlung in eigene Überlegungen einzubeziehen, auch wenn dies auf Kosten der Spontaneität geht, erweist sich oft als sehr nützlich. Im Grunde

sollte dies in vielen Situationen des täglichen Lebens geschehen. So muss ich in meinem Beruf stets die Folgen einer Handlung oder Entscheidung in meine Überlegungen einbeziehen, um nicht hinterher in eine Situation permanenter Überlastung und unliebsamer Überraschungen zu geraten.

Eine 28-jährige Pädagogin berichtet von ihrer Erfahrung mit der Lebensweisheit „Lebensklug ist jeder – der eine vorher der andere nachher":

„Zunächst war ich sehr erleichtert. Nach dieser Phase ergriff mich jedoch sehr große Unruhe, Nervosität und mir war alles zuviel. Mit dem Gefühl ‚ich schaffe das alles nicht mehr' habe ich mich auf mein Sofa gelegt, und mir ging es zunehmend schlechter. Grippeähnliche Kälteschauer und Halsschmerzen kamen von einer Minute zur nächsten. Ich konnte geschwollene Lymphknoten am Hals ertasten und ging daraufhin schlafen. Als ich am nächsten Morgen um sieben Uhr ohne Wecker erwachte, fühlte ich mich sehr befreit und um einiges leichter. Ich ging den Tag gelassener an, war die ganze Zeit kaum müde, selbst zu den typisch ‚toten Punkten' des Tages.

Obwohl ich weiß, dass ich mir mit übertriebenen Leistungsansprüchen gesundheitlich sehr schade bzw. auf zuviel Stress mit überhöhter Müdigkeit, Rückenschmerzen und Kreislaufschwierigkeiten reagiere, schaffe ich es oft nicht, mich zurückzunehmen. Ich bin gedanklich viel mit meiner Arbeit und zukünftigen Vorhaben beschäftigt, es fällt mir schwer abzuschalten. Meistens habe ich keine Zeit für Dinge, die mir einfach nur Spaß machen und Freizeit steht ganz hinten an, wenn alles andere erledigt ist. Halte ich diese Reihenfolge nicht ein, habe ich ein schlechtes Gewissen. Wie sehr ich mir damit schade, ist mir zwar bewusst, trotzdem schaffe ich es häufig nicht, mich aus diesem ‚Strudel' zu befreien. Ich fühle mich auch nicht gut dabei, habe den Eindruck, ich hetze durch mein Leben, von einem Termin zum anderen. Neben Beruf und Haushalt lege ich natürlich Wert auf ein gepflegtes Äußeres und auf regelmäßige sportliche

Betätigung der Figur zu Liebe. Eine Verpflichtung wechselt die nächste ab und die verleibende freie Zeit kann ich nicht entsprechend nutzen.

Eigentlich weiß ich um mein Fehlverhalten, und ein Bandscheibenvorfall und eine Hepatitiserkrankung sind Ergebnis dieser falschen Lebensweise und zugleich ein Hinweis darauf, an meinen Einseitigkeiten etwas zu ändern.

Während einer Krankheitsphase traten anstelle von Arbeit und Leistung Kontakte, da ich mehr Zeit für Freunde und Eltern hatte. Einen Spaziergang im Park konnte ich bewusst genießen und alles ohne schlechtes Gewissen.

Mit dem festen Vorsatz, an diesen Erfahrungen anzuknüpfen, sie als feste Bestandteile in den normalen Alltag zu integrieren, wurde ich gesund.

Innerhalb weniger Wochen verfalle ich schleichend wieder in alte Verhaltsmuster und alles beginnt oder endet wie gehabt.

Inzwischen frage ich mich ernsthaft – ... der eine vorher, der andere nachher' – wie ist das mit mir: Weder vorher noch nachher klug? Der Gedanke ärgert mich sehr. Auf der Suche nach den Wurzeln solcher Unklugheit komme ich auf Vorbilder und Familienkonzepte.

Während es meinem Vater noch einigermaßen gelang, neben seinem Beruf für Ausgleich und Entspannung zu sorgen, war meine Mutter als primäre Bezugsperson immer am Arbeiten. Sah man sie nicht bei der Arbeit, so war sie krank. Phasen von Migräneanfällen oder Rückenschmerzen zwangen sie zu pausieren, wahrscheinlich wenn alles zu viel wurde. Die Beeinträchtigung durch die Symptome der Krankheit wurde von ihr sehr negativ gedeutet. Die Beschwerden sollten schnellstmöglich verschwinden, um wieder „fit zu sein" oder „dem Alltag gewachsen zu sein". In diesem Kreislauf wechselten sich Phasen der Arbeit und Krankheitszeiten ab, ein Leben, um zu arbeiten.

Ich denke zunehmend an dieses Problem und suche verzweifelt nach Kompromissen zwischen meinen gewohnten, sehr leistungsorientierten Ansprüchen und einer neuen ausgeglichenen Lebensweise. Ich mache jedoch immer mehr die Erfahrung, dass es keine Kompromisse gibt, sondern dass es darum geht, weitere Teile des erlernten Verhaltens zu verabschieden, „wie einen netten Gast zur Tür zu begleiten" (Peseschkian), um neuen Wegen eine Chance zu geben.

In diesem Zusammenhang finde ich die Spruchweisheit von Sokrates besonders zutreffend, weil sie ein gewisses Maß an Radikalität und Entschlossenheit fordert: ‚Wenn jemand Gesundheit sucht, frage ihn erst, ob er auch bereit ist, zukünftig alle Ursachen seiner Krankheit zu meiden, erst dann darfst du ihm helfen.'"

*Der Mensch lebt keine hundert Jahre,
aber er macht sich Sorgen um tausend.*

*Das beste an der Zukunft ist,
dass wir immer nur einen Tag auf einmal
zu verkraften haben.*
(DEAN ACHESON)

 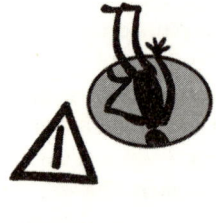

Umgang mit Ärger

Krankheit kränkt und Kränkung macht krank.

Das Passende Wort

Ein Herrscher aus alten Zeiten grübelte über die Fragen des Lebens nach. Weil ihn das Wesen von Gut und Böse beschäftigte, befahl er seinem Diener, die Organe zu bringen, die am besten, schönsten und wertvollsten seien. Der Diener brachte das Herz und die Zunge eines Tieres. Der Herrscher schaute sich die Organe an, dachte über den Sinn nach, den sie bedeuteten und schickte den Diener nun, die hässlichsten und schlechtesten Organe zu holen. Der ging und brachte wiederum ein Herz und eine Zunge. Erstaunt fragte der Herrscher seinen Diener: „Du bringst Herz und Zunge als die besten Organe, aber auch gleichzeitig als die schlechtesten, wie kommt das?" Der Diener antwortete bescheiden: „Wenn das, was ein Mensch fühlt und denkt, offen von Herzen kommt und die Zunge nur Wahres ehrlich sagt, sind Herz und Zunge die wertvollsten Organe. Der Mensch, dem sie gehören, fühlt sich gesund und glücklich. Wenn aber das Herz zu einer Mördergrube wurde, die Wünsche verleugnet, und die Zunge Unwahrheit und Falsches sagt, sind beide Organe die reine Strafe für den Menschen, dem sie gehören. Die Zwietracht, die er nach außen sät, erfüllt auch sein Inneres, und das Glück hat sich von ihm gewandt."

Auch bei Ärger nutzt der Umgang mit Lebensweisheiten. Ein 38-jähriger Therapeut teilt dazu Folgendes mit:

„Als ich den Satz ‚Lebensklug und weise ist jeder – der eine vorher, der andere nachher' überflogen habe, fiel mir das Motto ‚Erst aus Fehlern wird man klug – ein Fehler ist nicht genug' ein. Vermutlich kommt niemand weise auf die Welt, sonst gäbe es keine Entwicklung und kein Lernen. Eine salomonische Rechtssprechung gilt als weise, also sich und den anderen möglichst weitgehend gerecht zu werden. Ich bemerke, dass auch hier schnell wieder das Thema Gerechtigkeit bei mir auftaucht, im unmittelbaren Zusammenhang mit dem Oberthema Lebensglück. Zur Gerechtigkeit gehört die Liebe, denn Gerechtigkeit ohne Liebe wird immer nur zum Vergleich zwischen Unvergleichbarem führen. Zwei Menschen gleich behandeln heißt, einen ungerecht zu behandeln, das ist ein Gefühl, das ich als Kind und Jugendlicher immer wieder hatte angesichts der Haltung meiner Eltern mir und meinem Bruder gegenüber. Viele Jahre, ja über Jahrzehnte hinweg, was ein Hauptbewegungsgrund und ein wichtiges Ziel für mich, soziale Gerechtigkeit anzustreben. Wenn ich mich ungerecht behandelt fühlte, schluckte ich aufkommenden Ärger entweder herunter und fühlte nach einiger Zeit einen Kloß im Hals und einen Hustenreiz. Unabhängig davon, ob ich mich unterlegen oder einer Auseinandersetzung gewachsen fühlte, versteckte ich meinen Ärger oder machte mir selber vor, dass das weniger wichtig sei oder fing an zu kämpfen, meist verbal. Heute neige ich immer noch dazu, erst den Ärger zu spüren und zu warten, bis er kräftig genug ist, und mich erst dann zu wehren. Wahrscheinlich habe ich die Menschen in meiner nächsten Umgebung danach ausgesucht, denn sie verhalten sich in Konfliktsituationen meist ähnlich.

Während ich allerdings früher dazu neigte, Konflikte und Ärger sich sehr lange aufstauen zu lassen, ist mir das heute früher unangenehm und veranlasst mich dazu, mich eher abzugrenzen.

Sag nicht nein, bevor du gefragt wirst.

❖

Wir bekommen nicht immer, was wir wünschen,
aber wir bekommen immer das, was wir brauchen.
(ELISABETH KÜBLER-ROSS)

❖

Unter denen, die ihr Leid in sich hineinfressen
sind viele Wiederkäuer.
(BERT BERKENSTRÄTER)

Jeder Widerstand hat einen Sinn —————————

Man muss gut überlegen, was man haben will. –
Es könnte passieren, dass man es bekommt.

Wer A sagt, muss auch B sagen

In einer Unterrichtsstunde, im Orient als Maktab bezeichnet, hatte der Lehrer mit einem Jungen große Probleme, von dem er verlangte: „Sag A" (persisch: Alef). Der Junge hob nur verneinend den Kopf und kniff die Lippen zusammen. Der Lehrer übte sich in Geduld und begann wiederum: „Du bist ein so netter Junge, sag doch A. Das tut doch nicht weh." Dafür empfing er bloß einen abweisenden Blick des Kindes. Schließlich, nach einigen Versuchen, riss dem Lehrer die Geduld. „Sag A!", schrie er, „sag A!" Die Antwort des Kindes war nur: „Mm-mm." Daraufhin ließ der Lehrer den Vater kommen. Zusammen beschworen sie den Kleinen, er sollte doch nur A sagen. Endlich gab der Junge nach und sagte zum Erstaunen klar und deutlich A. Der Lehrer, überrasche von diesem pädagogischen Erfolg rief: „Maschallah, wie herrlich! Nun sag auch mal B!" Da protestierte der Kleine heftig und schlug energisch mit seinen Fäustchen auf den Tisch: „Nun ist aber Schluss! Ich wusste ja, was auf mich zukommt, wenn ich bloß A sage. Dann wollt ihr, dass ich auch B sage, und dann muss ich noch das ganze Alphabet aufsagen, dann muss ich lesen lernen, schreiben lernen und rechnen lernen. Ich wusste schon, warum ich nicht A sagen wollte!"

Der Junge weiß, was er will. Da er die Folgen seiner Handlung übersieht, ist er den Erwachsenen überlegen.

Die Fähigkeit, die Folgen einer Handlung in die Überlegung einzubeziehen, auch wenn dies auf Kosten der Spontaneität geht, erweist sich oft als nützlich. Welche Folgen hat es für mich neben dem Genuss, wenn ich Alkohol trinke? Mit welchen Folgen muss ich rechnen, wenn ich mir neben meiner Frau noch eine Freundin nehme? Welche Folgen hat es, wenn ich übermäßig esse? Welche Folgen hat es, wenn ich mich für ein politisches oder religiöses Konzept entscheide? Auch die Medizin steht vor der Aufgabe, A zu sagen und entsprechend Konsequenzen zu ziehen. Eine solche Entscheidung gehen wir ein, wenn wir theoretische Konzepte übernehmen, etwa wenn wir eine Krankheit für angeboren halten. Wenn wir eine Depression oder Schizophrenie beispielsweise dem endogenen Formenkreis zurechen, bietet sich als geeignete Therapie die Behandlung mit Psychopharmaka an. Nehmen wir dagegen an, dass diese Krankheiten vorwiegend psychosozial bedingt sind und ihnen Beziehungsprobleme zugrunde liegen, erscheint eine Psychotherapie, Milieutherapie, Familientherapie usw. als Therapie der ersten Wahl.

Während Tieren die Regeln des sozialen Verhaltens quasi angeboren sind, ist die menschliche Gesellschaft darauf angewiesen, dass ihre Mitglieder soziale Regeln und Normen lernen und befolgen. Die Struktur der Aktualfähigkeiten und ihrer Bewertungen wird beim Menschen von Generation zu Generation als Inhalt der Tradition weitergegeben. Primäre und sekundäre Fähigkeiten sind Sozialisationsmuster und damit zugleich Inhalte zwischenmenschlicher Kommunikation und individuellen Erlebens.

Es ist niemals zu spät, um vernünftig und weise zu werden.
(IMMANUEL KANT)

*Die erhabene Wirklichkeit erlegt uns Hitze auf und Kälte,
Kummer und Schmerzen, Schrecken und materielle
wie körperliche Not – all das vereint, damit der Kern
unseres innersten Seins zum Vorschein komme.*
(RUMI)

Den Standpunkt wechseln

> *Es kann uns niemand daran hindern,*
> *über Nacht klüger zu werden.*

Das Hemd des glücklichen Menschen

Ein Kalif lag sterbenskrank in seinen seidenen Kissen. Die Hakims, die Ärzte seines Landes, standen um ihn herum und waren sich einig, dass nur eines dem Kalifen Heilung und Rettung bringen kann: das Hemd eines glücklichen Menschen, das dem Kalifen unter den Kopf gelegt werden müsse. Boten schwärmten aus und suchten in jeder Stadt, in jedem Dorf und in jeder Hütte nach einem glücklichen Menschen. Doch alle, die sie nach ihrem Glück fragten, hatten nur Sorgen und Kummer. Endlich trafen die Boten, als sie ihre Hoffnung schon aufgeben wollten, einen Hirten, der lachend und singend seine Herde bewachte. Ob er glücklich sei? „Ich kann mir niemanden vorstellen, der glücklicher ist als ich", antwortete der Hirte lachend. „Dann gib uns dein Hemd", riefen die Boten. Der Hirte aber sagte: „Ich habe kein Hemd, alles, was ich habe, ist mein Leben." Die dürftige Botschaft, dass der einzige glückliche Mensch, den die Boten trafen, kein Hemd hatte, gab dem Kalifen Anlass nachzudenken. Drei Tage und Nächte ließ er niemanden zu sich kommen. Am vierten Tage schließlich ließ er die seidenen Kissen und seine Edelsteine unter das Volk verteilen, und wie die Legende erzählt, war der Kalif von diesem Zeitpunkt an wieder gesund und glücklich.

Die Ärzte dieser Geschichte wollen ein magisches Mittel benutzen, das Hemd eines glücklichen Menschen. Ironischerweise ist es nicht das Hemd eines Reichen, der es sich eigentlich leisten können müsste, glücklich zu sein. Die Geschichte hat den Charakter eines Lehrstücks und ist auffällig doppelsinnig: einmal wird der Arme, der diese Geschichte hört, als der eigentlich Reiche dargestellt. Zugleich besitzt sie beschwichtigenden Charakter: „Reg dich nicht über soziale Ungerechtigkeiten auf, denk lieber daran, dass du mit anderen Gütern gesegnet bist."

Dies lässt erkennen, dass die Tätigkeit des Arztes neben den heilenden auch ideologische Elemente besitzt. Seine Tätigkeit ist deswegen nicht schlecht oder verwerflich, aber es ist wichtig, dass er sich der weltanschaulichen, ideologischen Voraussetzungen bewusst wird und so Einseitigkeiten vermeidet.

Reichtum gewinnt häufig ein eigentümliches Eigenleben, sei es als Prestige, das er vermittelt, als Rollenverhalten, das er fordert, als Exklusivität, die er verleiht, oder als quasi calvinistische Ethik, nach der Reichtum gepflegt und in seiner Entwicklung gefördert werden muss wie ein Kind. Dabei bildet sich ein Bruch zwischen der Persönlichkeit des Menschen, seiner Emotionalität, Offenheit und Ansprechbarkeit und dem Charakterpanzer, der ihm seine gesellschaftliche oder ökonomische Stellung auferlegt.

Umgang mit Leuten macht klug.

Der ist ein kluger Mann,
der sich in Menschen schicken kann.

Wenn du deinen eigenen Wert kennst,
was musst du dich dann um Lob und Tadel anderer scheren?
(SANA'I)

So wie deine äußere Form deine Eigenschaften verbirgt,
so dämmen deine Eigenschaften dein innerstes Wesen ein.
Form und Eigenschaften sind Rahmen und Fenster
einer Leuchte, aus der das Licht der Wirklichkeit scheint.
(SANA'I)

Erfahrungen ernst nehmen

Zukunft, das ist die Zeit, in der du bereust,
was du heute tun kannst, und nicht getan hast.

Der Spatz und die Ameisen

Einst lebte eine große Vielfalt von Tieren in einem wunderschönen Wald, der von vielen bunten Wiesen umgeben war. Da war auch ein Spatz, der sein Nest in den Zweigen eines großen alten Baumes baute. Zu seinen Füßen, in den Wurzeln des Baumes, lebte ein Ameisenvolk. Von seiner luftigen Höhe aus betrachtete der Spatz das geschäftige Treiben des emsigen Volkes. Eines Tages fragte er die Ameisen, was sie eigentlich pausenlos arbeiteten. Die Ameisen antworteten: „Wir erfüllen mit unserer Arbeit nicht nur unsere Aufgabe hier im Wald, wir denken auch an die Zeit, die nach dem Sommer kommt." „Ach was", antwortete der Spatz, „was soll das!"

Der Sommer und der Herbst gingen dahin. Eine dicke Schneedecke bedeckte die Erde. Der Spatz saß einsam auf einem kahlen Zweig. Er fand kaum mehr etwas zum Fressen, und sein Nest in den kahlen Zweigen bot keinen Schutz mehr. Plötzlich erinnerte er sich an die emsigen Ameisen in ihrem Bau in der warmen Erde. Er flog hinunter, kratzte ein wenig im Schnee und fand den Ameisenbau. Hilfe suchend wandte er sich an die Ameisen. Die Ameisenkönigin antwortete ihm auf sein Rufen: „Im Sommer, als du nur deinem Vergnügen nachgegangen bist, hast du über uns gelacht. Was immer du tust, tue es klug und bedenke das Ende."

Wir stoßen immer wieder auf eigene Unvollkommenheiten. Zwischen Wunsch und Erfüllung besteht immer eine Kluft. Das gilt auch für die Partnerwahl. Und hier bekommt die Geschichte jenseits ihrer bekannten moralischen Wendung nochmals eine andere Bedeutung. Man trifft auch auf die

Schwächen des Partners: Er ist nicht so wie das Wunschbild, das man sich von ihm gemacht hat. Die Unerreichbarkeit des Ideals wird zur Quelle innerer Unruhe. So soll die Freundin oder der Freund nebenher bestätigen, dass man eigentlich gut genug für einen besseren Partner wäre. Dieser Vorgehensweise, die zunächst eine emotionale Entlastung bedeutet und keine Entscheidung erfordert, droht die Gefahr, Möglichkeiten und Chancen in der Zukunft zu verpassen.

So heiratet man nach mehrjährigem Zusammenleben den Partner, obwohl man noch nie ganz mit ihm zufrieden war, um den Risiken einer neuen Bekanntschaft und Partnerschaft aus dem Weg zu gehen. Diese Verhaltensweise lässt sich auch auf andere Beziehungsformen übertragen: Man trennt sich nicht von einem Mitarbeiter, der nicht zur vollen Zufriedenheit arbeitet, aus Angst vor dem, was danach kommt. Die Beispiele lassen sich beliebig fortsetzten: Man erweitert nicht seinen Bekanntenkreis, fährt immer an den gleichen Urlaubsort, ist nicht bereit umzuziehen, fremde Länder und andere Kulturen mit ihren neuen Eigenarten zu besuchen oder andere politische Richtungen bzw. weltanschauliche Systeme kennen zu lernen.

Denkst du an ein Jahr, so säe ein Korn.
Denkst du an ein Jahrzehnt, so pflanze einen Baum.
Denkst du an ein Jahrhundert, erziehe einen Menschen.

Achte auf die folgenden drei besten Dinge:
Gute Gedanken – gut gesprochene Worte – gut getanes Werk.

Vorsicht ist die Mutter der Weisheit.

Wenn man vom Rathaus kommt, ist man klüger.

Das sind die Weisen, die durch Irrtum zur Wahrheit reisen.
Die bei dem Irrtum verharren, das sind die Narren.
(FRIEDRICH RÜCKERT)

Der Umgang mit Wunsch und Wirklichkeit ⎯⎯⎯⎯

Er musste erst mit dem Kopf gegen die Bäume rennen,
ehe er merkte, dass er auf dem Holzweg war.

Schatten auf der Sonnenuhr

Im Orient wollte einst ein König seinen Untertanen eine Freude bereiten und brachte ihnen, die keine Uhr kannten, von einer Reise eine Sonnenuhr mit. Sein Geschenk veränderte das Leben der Menschen im Reich. Sie begannen, die Tageszeiten zu unterscheiden und ihre Zeit einzuteilen. Sie waren pünktlicher, ordentlicher, zuverlässiger und fleißiger und brachten es zu großem Reichtum und Wohlstand. Als der König starb, überlegten sich die Untertanen, wie sie die Verdienste des Verstorbenen würdigen könnten. Und weil die Sonnenuhr das Symbol für die Gnade des Königs und die Ursache des Erfolges der Bürger war, beschlossen sie, um die Sonnenuhr einen prachtvollen Tempel mit goldenem Kuppeldach zu bauen. Doch als der Tempel vollendet war und sich die Kuppel über der Sonnenuhr wölbte, erreichten die Sonnenstrahlen die Uhr nicht mehr. Der Schatten, der den Bürgern die Zeit gezeigt hatte, war verschwunden, der gemeinsame Orientierungspunkt, die Sonnenuhr, verdeckt. Der eine Bürger war nicht mehr pünktlich, der andere nicht mehr zuverlässig, der dritte nicht mehr fleißig. Jeder ging seinen Weg. Das Königreich zerfiel.

Jeder Mensch verfügt über eine Anzahl von Fähigkeiten, die er im Laufe seiner Reifung und seiner Konfrontation mit der Umwelt entwickelt. Entwicklungspsychologisch gestaltet sich dies in folgender Weise: Eltern, als die zunächst wichtigsten Personen der Umwelt, aber auch alle anderen Bezugspersonen der Erziehungssituation, können die Fähigkeiten eines Kindes, die es zu seinem Lebensbeginn weich, zart, unentwickelt und formbar besitzt, unterstützen oder hemmen, und grade das Letztere geschieht häufig, wie in unserer Fabel. Um aus dem Kind einen Menschen nach ihrem Bild zu formen, stellen die Erziehenden bestimmte soziale Wünsche und Eigenschaften in den Vordergrund. Sie erscheinen in manchen Fällen hochstilisiert und zu perfekter Einseitigkeit gebracht. In diesem Zusammenhang werden einige der Fähigkeiten des Kindes zwar entwickelt und differenziert, oft sogar überstrapaziert, andere Fähigkeiten werden dagegen unterdrückt und geraten in ihren Schatten, ebenso wie das Wunderwerk der Sonnenuhr im prachtvollen Tempel.

Wir alle sind von Konflikten und Problemen in unterschiedlichem Maß betroffen. Es besteht daher ein Bedürfnis nach neuen Aspekten und Methoden, die ebenso wirksam wie praktikabel sind. Während viele der bestehenden psychotherapeutischen Verfahren von den Störungen und Krankheiten ausgehen, erfordert die vorbeugende, präventive Medizin und Psychotherapie eine andere Vorgehensweise, bei der statt von den Störungen zunächst von den Entwicklungsmöglichkeiten und Fähigkeiten des Menschen ausgegangen wird. Werden diese Fähigkeiten in ihrer Entwicklung gehemmt, vernachlässigt oder nur einseitig ausgeformt, entstehen, verdeckt oder offen, Konfliktbereitschaften.

So erzählt ein 42-jähriger Rechtsanwalt mit Depressionen: „Von Kind auf bin ich auf Leistung gedrillt worden. Der Beruf macht sogar Spaß, aber ich habe keine Beziehung zu anderen Menschen. Mit meinen Kindern kann ich nicht viel anfangen. Freizeit ist für mich eine Qual."

Unterdrückte und einseitig aufgeblähte Fähigkeiten sind mögliche Quellen von Konflikten und Störungen im innerseelischen zwischenmenschlichen Bereich. Sie können sich in Ängsten, Aggressionen, Verhaltensauffälligkeiten, Depressionen und dem, was man als psychosomatische Störung bezeichnet, äußern. Da die Konflikte im Lauf der Entwicklung eines Menschen in der Auseinandersetzung mit seiner Umwelt entstehen, sind sie nicht notwendiges und unausweichliches Schicksal, sondern stellen sich als Probleme und Aufgaben dar, die wir zu lösen versuchen. Damit wird ein wesentlicher Unterschied deutlich: Traditionelle Psychiatrie und Psychotherapie haben als Ausgangspunkt Störungen, Konflikte und Krankheiten. Dementsprechend wird das Behandlungsziel gesteckt: Krankheiten heilen und Störungen beseitigen. Übersehen wird hier, dass nicht Störungen primär sind, sondern Fähigkeiten, die von diesen Störungen mittelbar oder unmittelbar betroffen sind.

Utopien sind nicht Träumereien,
sondern sie sind die Voraussetzung für eine
kreative Gestaltung der Zukunft.
(HANS PETER DÜRR)

Das Wort hat die Macht und Kraft, sich zu verwirklichen.

Lass dich nicht gehen, gehe lieber selbst.

Narren sagen, was die Klugen denken.

Versuch macht klug.

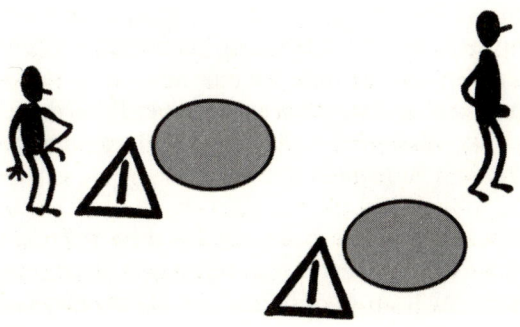

Umgang mit Verantwortung

Ein kluger Mensch macht nicht alle seine Fehler alleine,
sondern er gibt auch anderen eine Chance.

Die geteilten Pflichten

„Ich halte es nicht mehr aus. Die Pflichten sind wie Berge, die sich nicht von der Stelle verrücken lassen. Am frühen Morgen muss ich dich wecken, aufräumen, die Teppiche säubern, die Kinder beaufsichtigen, auf dem Basar einkaufen, dir abends deine geliebte Reisspeise kochen und schließlich nachts dich noch verwöhnen." So sprach eine Frau zu ihrem Mann. An einem Hühnerschenkel kauend, meinte dieser bloß: „Was ist schon dabei. Alle Frauen machen das Gleiche wie du. Du hast es doch gut. Während ich Verantwortung trage, sitzt du nur zu Hause herum." „Ach", jammerte die Frau, „wenn du mir bloß ein bisschen helfen könntest." In einem Anfall von Großmut stimmte der Mann schließlich dem folgenden Vorschlag zu: Während die Frau für alles, was im Hause geschah, zuständig sein sollte, wollte er die Aufgaben außerhalb des Hauses übernehmen. Diese Teilung der Pflichten ließ das Ehepaar über längere Zeit hinweg zufrieden zusammenleben. Eines Tages saß der Ehemann nach getätigtem Einkauf mit Freunden in einer Kaffeestube und rauchte zufrieden die Wasserpfeife. Ein Nachbar stürmte plötzlich herein und rief aufgeregt: „Komm schnell, dein Haus brennt!" Der Mann zog genüsslich an dem Mundstück der Wasserpfeife und meinte dann mit wunderbarem Gleichmut: „Sei so nett uns sag es meiner Frau, denn schließlich ist sie für alles, was im Haus geschieht, verantwortlich. Ich bin nur für den Außendienst zuständig."

Diese Geschichte setzte bei einer 28-jährigen Frau, die Probleme mit ihrem Partner hatte, folgende Überlegungen frei: Sie erinnert mich an die Ehe meiner Eltern: Der Gleichmut des Mannes, der im Kaffeehaus sitzt und jegliche Verantwortung von sich weist, indem er die Ansicht vertritt, der Hausbrand falle in den Zuständigkeitsbereich seiner Frau, ähnelt der Auffassung meines Vaters von Aufgabenverteilung.

Die Partnerschaft meiner Eltern ist mehr oder weniger durch eine strikte Verteilung der Pflichten geprägt. Mein Vater, der die letzten 20 Jahre eine leitende Anstellung im Außendienst innehatte, war oft nur einmal während der Woche und am Wochenende zu Hause.

Ich erinnere mich auch, dass meine Mutter oft vor sich hingeschimpft hat, sie müsse immer alles alleine machen, ihr werde alles zuviel und so habe sie sich ihr Leben nicht vorgestellt. Manchmal gingen auch einige ihrer Wutausbrüche auf meinen Vater nieder, der sich dann schweigend zurückzog.

In all den Jahren war mein Vater, was sein Privatleben anbetrifft, ein unpünktlicher Mensch. Wir haben oft mit dem Mittagessen auf ihn gewartet, um anschließend etwas zu unternehmen. Oft kam er so spät, dass es sich, so seine Worte, ‚nicht mehr lohnt‘, ins Schwimmbad zu fahren. Seine Entschuldigungen gingen meist in die Richtung, dass er sich die ganze Woche an Termine und Uhrzeiten halten müsse, er sei vor Stress schon ganz krank, wenigstens am Wochenende wollte er sich mal gehen lassen.

Ein Ausflug mit unserem Vater oder die gemeinsamen Urlaube waren für mich hingegen ein wahres Erlebnis im Sinne von „ein Vater zum Anfassen" oder das Gefühl, doch einen „echten" Vater zu haben. Aber auch im Urlaub verstand es mein Vater, sich aus Unangenehmem rauszuhalten und genoss überwiegend schlafend das Bad in der Sonne.

Meine Mutter schien diese Ungerechtigkeiten mehr oder weniger, bis auf gelegentliche Wutausbrüche, als selbstverständlich hinzunehmen.

Funktioniert hat die ganze Arbeitsteilung dann nicht mehr, wenn meine Mutter zum Beispiel krank wurde und ihren Verpflichtungen nicht mehr nachkommen konnte. Mein Vater zeigte sich schon besorgt und rief öfter mal von unterwegs an. Alles in allem verteilte er jedoch Ratschläge wie: ‚Ärgert eure Mutter nicht, sie ist krank!' – ,Ihr solltet ihr etwas helfen!' – ,Lass doch einfach mal alles liegen, wenn du es nicht mehr schaffst.' Im Grunde saß er jedoch im Kaffeehaus und hatte wahrscheinlich nicht mal im Traum daran gedacht, meine Mutter durch Taten etwas zu entlasten bzw. sich für irgendetwas zuständig zu fühlen.

Schon als Kind wusste ich, dass ich nie mit einem Mann wie meinem Vater leben wollte, so sehr ich ihn auch gemocht habe. Ich wollte auch kein Leben führen wie meine Mutter und erinnere mich noch an einen Spruch: „Da könnte das Haus in Flammen stehen, euer Vater kommt dann, wenn alles vorbei ist und sagt, es wäre ein bisschen später geworden."

In meinem Leben war ich theoretisch immer bemüht, Pflichten und Arbeiten gerecht verteilt zu sehen. Praktisch hatte ich aber oft das Empfinden, alles bleibe an mir hängen oder ich müsste kontrollieren, dass die Sachen auch wirklich erledigt wurden. Ich kann schwer abgeben und fühle mich dann oft ungerecht behandelt, vor allem wenn ich merke, mein Partner zieht sich von unliebsamen Aufgaben zurück. Ich bemerke manchmal die Tendenzen, allein für Haus und Hof verantwortlich zu sein, und neige dazu, mich zu überfordern. Dann fühle ich mich alleine und schnell ausgenutzt.

Im Moment will ich lernen, Aufgaben leichter abzugeben und auch einzufordern, mich über Nachlässigkeiten meines Partners nicht so zu ärgern, dass ich mich ungerecht behandelt fühle. Hinsichtlich meiner sekundären Fähigkeiten möchte ich mich mehr zurückhalten und mehr die angenehmen Dinge genießen. Insgesamt geht es mir besser, wenn ich mir vorstelle, nicht alles allein auf meinen Schultern zu tragen und mehr Zeit für meine Interessen zu haben."

Die Dinge sind nie so, wie sie sind.
Sie sind immer das, was man aus ihnen macht.

Gott schenkte uns die Gelassenheit, das hinzunehmen,
was wir nicht ändern können, den Mut, das zu ändern,
was wir ändern können.

Umgang mit so genannten Kleinigkeiten ⸻

Wo Gefahr ist, wächst das Rettende auch.

Der Einbruch

Ein Wissenschaftler lebte in sehr armen Verhältnissen. In einer dunklen Nacht brach ein Dieb in sein Zimmer ein und fand nichts. Enttäuscht verließ der Dieb das Zimmer und hinterließ ein Durcheinander. Der Wissenschaftler, der dadurch wach wurde, suchte unter seinen Matratzen und fand endlich einen Messingtaler. Er rannte hinter dem Dieb her, bis er ihn erreicht und ihm die Münze in Hand gedrückt hatte und zu ihm sagte: „Ich bedaure, dass ich heute Nacht ein schlechter Gastgeber bin. Ich bitte dich, in Gegenwart der anderen nichts Negatives über meine Verhältnisse zu erwähnen."

Mikrotraumen – Die so genannten Kleinigkeiten

Ähnlich wie ein steter Tropfen den Stein aushöhlt, schaffen Erfahrungen im alltäglichen Umgang mit den Aktualfähigkeiten Bereiche verminderter Resistenz. So kann für den einen Unpünktlichkeit beunruhigend, angst- und aggressionsauslösend wirken, für einen anderen die übertriebene Pünktlichkeitsforderung eines Partners, seine Unhöflichkeit, Unzuverlässigkeit oder Unordnung. Treffen in zwischenmenschlichen Beziehungen unterschiedliche Einstellungs- und Verhaltensmuster aufeinander, kann es zu Konflikten kommen, die sich als Mikrotraumen anhäufen und neuralgische Punkte in der Struktur der Persönlichkeit bilden. Vor diesem Hintergrund kann sich eine dauerhafte emotionale Belastung einstellen, die zu psychischen und psychosomatischen Störungen führt und die familiäre Kommunikation einschränkt:

„Wenn ich mein Zimmer nicht aufgeräumt hatte, hieß es: ‚Ich habe dich nicht mehr lieb!' Das jagte mir panische Angst ein. Heute bin ich mehr als pedantisch und gerate dadurch oft in Konflikt mit meinem Mann und den Kindern." So eine 39-jährige Frau, die unter chronischer Verstopfung und Schlafstörungen leidet.

„Bei uns zu Hause hieß es immer wieder: Sei leise, sei still, halt dich zurück, sei brav. Ich bekam das jeden Tag hundertmal auf das Butterbrot geschmiert." Dies erzählt eine 34-jährige Hausfrau mit Hemmungen, sozialen Ängsten, Kontaktschwierigkeiten und Eheproblemen.

Im ersten Fall sind die Aktualfähigkeiten „Ordnung", „Vertrauen" und „Kontakt" betroffen, im zweiten werden „Gehorsam" und „Höflichkeit" thematisiert.

Diese Inhalte geben Beziehungsaspekte einer Partnerschaft oder einer anderen Gruppe wieder. Der Ordnungswunsch des Ehemannes ist nicht nur seine persönliche Vorstellung davon, wie Ordnung aussehen sollte, sondern beschreibt zusammen mit den anderen beteiligten Aktualfähigkeiten eine gerade für diese Partner- und Familienbeziehung charakteristische Spielregel. Mit anderen Worten: In den Inhalten der jeweiligen Aktualfähigkeiten kommen die in einer Gruppe bestehenden und von den Menschen produzierten Beziehungen zum Ausdruck.

Aktualfähigkeiten können in einer praktisch unbegrenzten Zahl verschiedener Einstellungen, Werthaltungen, Erlebnissen und Verhaltsweisen realisiert werden. Aus den Aktualfähigkeiten erwachsen jeweils lebensprägende Konzepte. Solche Konzepte werden in Aussprüchen deutlich wie zum Beispiel: „Ordnung ist das halbe Leben." – „Sparst du was, dann hast du was." „Was sagen die Leute ..." Solche Aussagen sind die inhaltlichen, situationsbezogenen, gruppenspezifischen bzw. persönlichkeitsgebundenen Ausprägungen dieser Aktualfähigkeiten. Beim näheren Hinsehen können wir freilich auch feststellen, dass Konzepte sich häufig nicht nur auf einzelne Aktualfähigkeiten beziehen.

Aktualfähigkeiten kommen auch in Form von Synonymen, Konzepten und Umschreibungen zum Ausdruck. So sagen wir, statt das Wort Ordnung zu gebrauchen: „Bring mir nichts durcheinander!" – „Räum auf!" – „Lass bloß nichts hier liegen." – „Mischmasch" – „Durcheinander." – „Außen hui, innen pfui."

Es kommt darauf an, hinter den alltäglichen Geschehnissen, dem Verhalten des Partners und seinen Aussagen, die beteiligten Aktualfähigkeiten zu entdecken. Dies gilt vor allem für die Familientherapie, in der das kritische Verhalten erst benannt werden muss, bevor – von ihm ausgehend – die familiären Spielregeln umdefiniert werden können. Dies erfordert Gespür dafür, dass die einzelnen Aktualfähigkeiten die verschiedensten Maskierungen annehmen können.

So gibt es nicht eine Form von Ordnung, sie äußert sich vielmehr in verschiedenen Formen:

Verstandesgemäße, sachliche Ordnung: „Alles muss so aufgeräumt sein, dass man es jederzeit finden kann."

Traditionelle Ordnung: „Alles muss seine Reihenfolge haben, und zwar so, wie man es von jeher gewohnt ist."

Intuitive phantasievolle Ordnung: „Für die Vase kommt nur ein Platz in Frage: die Ecke vor dem Wintergarten."

Romantische Ordnung: „In einer sachlichen Atmosphäre kann ich nicht leben. Meine Umgebung muss eine gewisse Wärme ausstrahlen, und die kann ich nicht bei einer sterilen Ordnung empfinden."

Äußere Ordnung: „Wenn die Gäste kommen, muss alles aufgeräumt sein."

Innere Ordnung: „Es ist mir egal, wie ich äußerlich aussehe, es kommt darauf an, dass ich mich innerlich ausgeglichen fühle."

Auch der „unordentlichste" Mensch besitzt seine besondere Ordnung und seinen eigenen Ordnungssinn. Wir müssen lernen, ihn zu erkennen. Und selbst in scheinbar nebensächlichen Verhaltensweisen verbergen sich bestimmte Ausprägungen von Aktualfähigkeiten. Die Mutter, die fortwährend an dem Sohn herumputzt (Sauberkeit); der Vater, der öfters auf die Uhr schaut (Pünktlichkeit/Zeit); die Großmutter, die mit Blicken versucht, das Benehmen der Kinder zu kontrollieren (Höflichkeit/Gehorsam); die Tochter, die sich in die Gespräche ihrer Eltern einmischt und dafür gerügt wird (Offenheit/Höflichkeit/Gehorsam).

Viele Wenig machen ein Viel.

Ein Mensch sagt – und ist stolz darauf –
er geh in seinen Pflichten auf.
Bald aber – nicht mehr ganz so munter –
geht er in seinen Pflichten unter.
(Eugen Roth)

Heute ist das Morgen,
über das wir uns gestern Sorgen gemacht haben.

II.

Was unser Zusammenleben bestimmt

Die Bedeutung von Aktualfähigkeiten im Alltag ___

Es erfordert oft mehr Mut,
seine Ansicht zu ändern, als an ihr festzuhalten.

Die Absicht ist die Seele der Tat

Ein Derwisch ging und sang: „Deine guten oder schlechten Taten kommen wie ein Bumerang auf dich zurück." Eine ältere Frau, die seinen Gesang hörte, dachte: Ich muss ihm beweisen, dass das nicht wahr ist. So bereitete sie ein Brot vor und mischte Gift hinein. Als nun der Derwisch vor ihre Haustür kam, schenkte sie ihm das Brot. Der Derwisch lief weiter. Und kurz darauf traf er einen Mann, der ihm erzählte, dass er so müde und hungrig sei. Er kam von weit her. Der Derwisch gab ihm sein Brot. Der Mann aß es und schrie kurz darauf: „Mein Bauch, mein Bauch! Ich halte das nicht aus …!" In diesem Augenblick kamen alle aus ihren Häusern heraus, auch die alte Frau, um zu sehen, was los war. Mit Schrecken stellte die Frau fest, dass ihr Sohn, auf dem Weg zu seiner Mutter nach einer langen Reise, das giftige Brot gegessen hatte.

Im Folgenden soll es darum gehen, die Fähigkeiten und Konfliktbereitschaften von Menschen inhaltlich zu spezifizieren und die konkreten Spielregeln zu erkunden, die das tägliche Zusammenleben lenken. Wenn wir Probleme mit uns, unserem Partner und unserer Umwelt haben, wenn wir ratlos sind und seelisch und psychosomatisch auf Konflikte reagieren: Welcher Art sind diese Konflikte?

Vom Umgang mit der Zeit – Ein Tagesablauf

Ein 48-jähriger Mann dokumentiert seinen Tag wie folgt:

6:15 Aufstehen – leise und sachte, damit meine Frau nicht gestört wird, den Wecker schon sorgsam 15 Minuten vorher abgestellt, damit er nicht klingelt, danach Morgentoilette, Begrüßung meines jüngsten Sohnes, der schon wach ist. Im Bad das Becken gesäubert. Zahnbecher ausgewischt, Kamm von Haaren befreit (beteiligte Aktualfähigkeiten: Pünktlichkeit, Höflichkeit, Sauberkeit).

7:15 verlasse ich das Haus, ohne – außer meinem jüngsten Sohn – jemand von der Familie begegnet zu sein. Ich mahne Wolfgang zur Ruhe, damit er den Rest der Familie nicht stört, schließe leise die Haustür. Etwa 9:00 Uhr komme ich nach Hause zum Frühstück, das ich im Kreise meiner Frau und Wolfgangs einnehme, ich plaudere mit ihm über die Schule, mit meiner Frau ab und zu ein Wort – morgens geht es noch ohne größere Dispute (Kontakt, Höflichkeit, Pünktlichkeit, Leistung).

9:30 fahre ich wieder ins Büro. Ich komme gegen

12:30 zum Mittagessen nach Hause. Das Essen ist meist noch nicht fertig, was mich ärgert, da ich über Mittag – wenn möglich – eine Stunde ruhen möchte (Leistung, Pünktlichkeit, Zeit, Geduld).

13:00 Mittagessen mit meiner Frau, Wolfgang und Christoph, minimale Unerhaltung beim Essen, obwohl ich mit Christoph mehr als sonst persönliche Gespräche führen möchte und dabei über Schule möglichst nicht rede. Weil ich mich gestern Abend sehr darüber geärgert hatte, dass meine Familie alle Lampen brennen und bei laufender Heizung die Fenster offen ließ, hab ich es den anderen gesagt. Meine Frau hatte dazu nichts zu bemerken, außer: „Euer Vater ist ein Geizhals." Dabei kostet Strom für Licht und Öl für Heizung auch Geld. Ich sehe es nicht ein, wenn alle Lampen brennen, obwohl niemand im Hause ist. Ich finde, meine Frau ist mir gegenüber sehr ungerecht (Kontakt, Leistung, Höflichkeit, Sparsamkeit, Gerechtigkeit).

13:30–14:00 kurze Pause auf meinem Zimmer, meine Frau übernimmt während der Mittagspause evtl. Telefongespräche, wofür sie von meiner Firma eine Vergütung erhält (Zeit, Leistung, Sparsamkeit).

14:00 fahre ich wieder ins Büro (Pünktlichkeit, Leistung).

17:30 nach Büroschluss fahre ich ins Hallenbad, um dort 1000 Meter zu schwimmen, um meinen „Trimm-dich"-Vorsätzen nachzukommen (Leistung, bezogen auf den Körper).

18:45 komme ich nach Hause, Abendtisch ist noch nicht gedeckt, zum Essen habe ich mir etwas eingekauft und bitte meine Frau, mir dies zu richten (Pünktlichkeit, Geduld, Zeit, Vertrauen, Kontakt).

19:00 Abendessen mit meiner Frau und Wolfgang, gemeinsames Tischabräumen, Wolfgang wird zu Bett gebracht, wenn er drinnen liegt, bete ich mit ihm und sage ihm gute Nacht (Kontakt, Höflichkeit, Ordnung, Religion/Glaube).

20:00 Tagesschau im Fernsehen, meine Frau sitzt mit dem Hund dabei, der sehr geräuschempfindlich ist und bei Gongs oder Wetterkarte im Fernsehprogramm aufjault und bellt. Früher regte mich das auf, heute schlucke ich es runter. Manchmal packt meine Frau den Hund rechzeitig und verlässt mit ihm vor seiner „Vorstellung" das Zimmer. Meist sitze ich dann alleine vor dem Fernseher, meine Frau werkelt irgendwo draußen herum oder sitzt separat vor dem anderen Fernseher im oberen Stockwerk. Den hat sie ohne mein Wissen meinem Sohn gekauft, obwohl sie weiß, dass wir für so was kein Geld übrig haben (Kontakt, Geduld, Höflichkeit, Leistung, Sparsamkeit).

21:00 bin ich todmüde, schlafe zuweilen vor dem Fernseher ein und gehe ins Bett. Wenn ich meine Frau noch sehe, sage ich „Gute Nacht" und ziehe mich zurück (Zeit, Kontakt, Höflichkeit). Meine beiden großen Kinder sehe ich kaum tagsüber und selten auch abends, da sie ihre Gesellschaft haben und sich bei der angespannten Familiensituation zu Hause nicht wohl fühlen (Leistung, Kontakt, Zweifel).

Wenn wir von zwischenmenschlichen Konflikten ausgehen, die Wertmaßstäbe der Selbst- und Fremdbeurteilung sowie die Kriterien der Erziehung und Psychotherapie betrachten und die Bedingungen klären, die zu psychischen und psychosomatischen Störungen führen, dann sehen wir hinter diesen Störungen – gewissermaßen als Tiefenstruktur – mangelnde Unterscheidung hinsichtlich eigener und fremder Verhaltensmuster. Dies wird oft mit Begriffen wie Überforderung, Überarbeitung oder Belastungen umschrieben. Damit ist allerdings noch nicht gesagt, welcher Art diese Belastungen sind. Zumeist möchte man in ihnen nur berufliche Überforderungen sehen. Tatsächlich jedoch gibt es ein ganzes Spektrum von Einstellungen und Verhaltensmustern, die zu Konfliktpotenzialen werden können, also für psychische und psychosomatische Störungen prädestinieren. Diese Einstellungs- und Verhaltensmuster lassen sich durch ein Inventar psychosozialer Normen beschreiben, die gleichermaßen als Entwicklungsdimensionen und Konfliktpotentiale wirksam sind. Zu nennen sind:

Pünktlichkeit, Sauberkeit, Ordnung, Gehorsam, Höflichkeit, Ehrlichkeit, Treue, Gerechtigkeit, Fleiß/Leistung, Sparsamkeit, Zuverlässigkeit, Genauigkeit, Gewissenhaftigkeit sowie Liebe, Vorbild, Geduld, Zeit, Kontakt, Sexualität, Vertrauen, Zutrauen, Hoffnung, Glaube, Zweifel, Gewissheit, Einheit.

Diese Verhaltensweisen bezeichnen wir als Aktualfähigkeiten, weil sie als Fähigkeiten im Menschen angelegt und im täglichen Leben aktuell wirksam sind.

Der oben dargestellte Tagesablauf zeigt dies sehr deutlich. Es lässt sich eine Vielzahl psychosozialer Normen erkennen, die wesentliche Beziehungsqualitäten der Familie wiedergeben und Rückschlüsse auf die Position des Mannes zulassen. Es zeigt sich, dass bestimmte Themen immer wieder auftauchen: Leistung, Pünktlichkeit, Sparsamkeit, Kontakt, Geduld. Diese spielen in der Familiensituation zwar eine Rolle, werden aber nicht reflektiert.

Zu unterscheiden sind *sekundäre* und *primäre* Aktualfähigkeiten.

Die *sekundären* Fähigkeiten sind Ausdruck der *Erkenntnisfähigkeit*. In ihnen spiegeln sich die Leistungsnormen der sozialen Gruppe, in der ein Mensch lebt. Zu ihnen gehören: Pünktlichkeit, Sauberkeit, Ordnung, Gehorsam, Höflichkeit, Ehrlichkeit, Treue, Gerechtigkeit, Fleiß/Leistung, Sparsamkeit, Zuverlässigkeit, Genauigkeit, Gewissenhaftigkeit.

Im alltäglichen Zusammenleben, den gegenseitigen Bewertungen und Urteilen, spielen die sekundären Fähigkeiten eine entscheidende Rolle. Wer einen anderen Menschen nett und sympathisch findet, der begründet seine Einstellung häufig so: „Er ist anständig und ordentlich, man kann sich auf ihn verlassen." Umgekehrt urteilt man abwertend: „Er ist mir unsympathisch, weil er schlampig, unpünktlich, ungerecht, unhöflich und geizig ist und zu wenig Fleiß zeigt." Ebenso geläufig sind auch die Folgen von entsprechenden Erlebnissen auf Stimmung und körperliches Befinden. So können beispielsweise Pedanterie, Unordnung, ritualisierte Sauberkeit, Unsauberkeit, übertriebene Pünktlichkeitsforderung, Unpünktlichkeit, zwanghafte Gewissenhaftigkeit oder Unzuverlässigkeit nicht nur zu sozialen Konflikten, sondern auch psychische und psychosomatische Auswirkungen haben.

„Wenn ich nur daran denke, dass mir mein Chef einen Fehler vorwirft, den ich nicht gemacht habe, fange ich an zu zittern, und es wird mir schlecht. Hinterher habe ich Kopfschmerzen und Magenbeschwerden." So eine 28-jährige Angestellte mit psychosomatischen Störungen; die beteiligten Aktualfähigkeiten sind Gerechtigkeit und Höflichkeit.

Die *primären* Fähigkeiten bilden die emotionale Basis der sekundären Fähigkeiten. Die primären Fähigkeiten betreffen die *Liebesfähigkeit*. Die spezifischen Fähigkeiten entwickeln sich aus den zwischenmenschlichen Beziehungen, wobei dem Verhältnis zu den Bezugspersonen, vor allem zu Mutter und Vater, eine zentrale Rolle zukommt.

Zu den primären Fähigkeiten gehören:
Liebe, (Emotionalität), Vorbild, Geduld, Zeit, Kontakte, Sexualität, Vertrauen, Zutrauen, Hoffnung, Glaube, Zweifel, Gewissheit, Einheit.

Auf der Grundlage der primären Fähigkeiten erfahren die sekundären ihre emotionale Resonanz:
„Ich habe kein Vertrauen zu meinem Mann, nachdem ich erfahren habe, dass er fremdgegangen ist." (Beteiligte Aktualfähigkeiten: Vertrauen – Treue).
Wenn wir die primären Fähigkeiten, die wir als Bedingungen der gefühlsmäßigen Beziehungen begreifen, nicht als Einzelfähigkeiten verstehen, sondern in den Ablauf der engeren zwischenmenschlichen Kommunikation einordnen, lässt sich eine Entwicklungskette darstellen:

Unbekannte Fähigkeiten, Angst, Aggression, Nachahmung, Glaube, Zweifel, Hoffnung, Zutrauen, Vertrauen, Geduld, Gewissheit, Liebe und Einheit.

Die Mitglieder einer Familie durchlaufen diese Entwicklungskette. Sie nehmen jedoch zumeist nicht zur gleichen Zeit die gleiche Position ein, sondern sind Phasen unterworfen. Den unbekannten Fähigkeiten des einen entsprechen Glaube, Zweifel und Hoffnung beim anderen Menschen; mit dem Zweifel des einen kann die Gewissheit des anderen korrespondieren. Wie das relative Verhältnis der Partner hinsichtlich der Entwicklungskette Konflikte zu verhindern mag, kann es umgekehrt durch eine konflikthafte Phasenverschiebung zu zwischenmenschlichen Dissonanzen kommen, etwa wenn ein Partner auf die Unordnung des anderen mit Aggression und Zweifel reagiert, wenn Ängste des einen Hoffnungslosigkeit beim anderen hervorrufen und konflikthafte Nachahmungen die Liebe zerstören.
Jede der Aktualfähigkeiten kann aktiv und passiv wirksam werden.

58

Aktiv bedeutet:

Pünktlich – unpünktlich sein; ordentlich/unordentlich sein; ehrlich – unehrlich sein usw.

Passiv bedeutet:

Wie reagiere ich auf Pünktlichkeitsforderungen oder Unpünktlichkeit anderer? Wie komme ich mit der Unordnung oder den Ordnungswünschen meiner Familie zu Rande? Kann ich die Gerechtigkeitsforderungen oder die Ungerechtigkeit meiner Partner ertragen?

Die Position eines Familienmitgliedes hängt nicht nur davon ab, welche Aktualfähigkeiten es äußert, sondern ob es aktiv fordernd oder passiv erwartend auftritt. Oft ist die Erkenntnis dieser Zweiseitigkeit der entscheidende Vorgang der Konfliktlösung: sich nicht nur für Gerechtigkeit einzusetzen, sondern gegebenenfalls und zeitweilig auch Ungerechtigkeiten ertragen zu können, ohne daran zu zerbrechen.

Das Inventar der sekundären und primären Fähigkeiten (Aktualfähigkeiten)

Sekundäre Fähigkeiten	Primäre Fähigkeiten
Pünktlichkeit	Liebe (Emotionalität)
Sauberkeit	Vorbild
Ordnung	Geduld
Gehorsam	Zeit
Höflichkeit	Kontakt
Ehrlichkeit/Offenheit	Sexualität
Treue	Vertrauen
Gerechtigkeit	Zutrauen
Fleiß/Leistung	Hoffnung
Sparsamkeit	Glaube/Religion
Zuverlässigkeit	Zweifel
Genauigkeit	Gewissheit
Gewissenhaftigkeit	Einheit

Die Liste der Aktualfähigkeiten lässt sich fortführen, jedoch umfassen die 13 sekundären und 13 primären Fähigkeiten die wesentlichen Bereiche des Verhaltens. Und schließlich gibt es auch Kombinationen:

Wahrhaftigkeit und Redlichkeit rechnen wir zur Ehrlichkeit, Prestige und Erfolg zum Fleiß, Ehrlichkeit in der partnerschaftlichen Beziehung gilt als Treue, in der sozialen Kommunikation als Offenheit und Aufrichtigkeit.

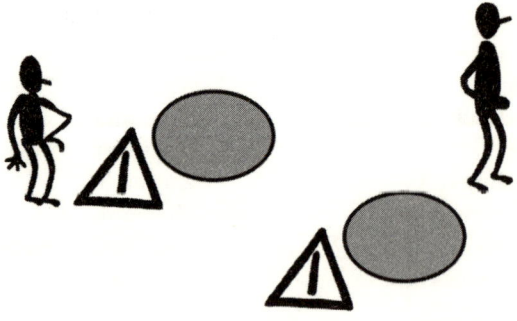

Die Anwendung des differenzierungsanalytischen Inventars

Wissen ist Macht, Sehen ist Allmacht.

Armut, Not und manches Leid, fliehen vor der Sparsamkeit

Ein Straßenhändler hatte Zahnschmerzen. Er besuchte den Dorfzahnarzt und fragte nach seinem Rat. Er sagte zu ihm: „Dein Zahn muss gezogen werden." Der Patient fragte nach dem Preis der Behandlung und bekam die Antwort: „Pro Zahn zwei Geldeinheiten." Der Straßenhändler fing an zu handeln und bot dem Hakim eine Einheit an. Nach langem hin und her akzeptierte der Patient den Preis und zeigte dem Zahnarzt einen gesunden Zahn. Er meinte: „Der Zahn tut weh und muss raus! Nachdem der Zahn gezogen war, sagte der Patient: „Ich habe mich geirrt, der kranke Zahn ist ein anderer." Diesmal wurde der richtige faule Zahn gezogen. Der Mann bezahlte für einen Zahn und sagte beim Rausgehen: „Hakim, hast du nicht gemerkt, wie ich dich reingelegt habe? Du hast zwei Zähne für den Preis von einem Zahn gezogen."

Mit Hilfe des folgenden differenzierungsanalytischen Inventars (DAI) kann man die jeweilige Bedeutung und Wirksamkeit der Aktualfähigkeiten dokumentieren.

Differenzierungsanalytisches Inventar (DAI, Kurzform)

Aktualfähigkeiten	Ich	Partner	Spontanaussagen
Pünktlichkeit			
Sauberkeit			
Ordnung			
Gehorsam			
Höflichkeit			
Ehrlichkeit/Offenheit			
Treue			
Gerechtigkeit			
Fleiß/Leistung			
Sparsamkeit			
Zuverlässigkeit/ Genauigkeit			
Liebe			
Geduld			
Zeit			
Vertrauen/Hoffnung			
Kontakt			
Sex/Sexualität			
Glaube/Religion			

Das DAI kann in der therapeutischen Situation, aber auch im Rahmen der Selbsthilfe von jedem Familienmitglied durchgeführt werden.

Damit erhalten wir für jede Familie soviel differenzierungsanalytische Inventare, wie die Familie Mitglieder zählt. In diesen Inventaren erfolgt unter der Spalte „Ich" jeweils die

Selbstbeurteilung, unter den anderen Partnerspalten die Beurteilung, wie man die Partner erlebt und ihr Verhalten bewertet. Diagnostisch kann man diese verschiedenen Selbst- und Fremdbeurteilungen miteinander zu einem differenzierten Konfliktdiagramm verbinden. Auch nicht anwesende Familienmitglieder, wie ein verstorbener Elternteil, ein geschiedener Ehepartner, ein Familienmitglied, das sich weigert, an den familientherapeutischen Sitzungen teilzunehmen, können so indirekt in die Dynamik der familiären und persönlichen Konzepte einbezogen werden. Dieses Vorgehen nennen wir *virtuelle Familientherapie.*

Die Aussagen im DAI sind keine absoluten Urteile. Sie sind vielmehr subjektive und in Bezug zu einem Partner relative Bewertungen. Die individuellen Maßstäbe der Mitglieder einer Familie werden miteinander verglichen.

Im Folgenden das Beispiel einer 23-jährigen Sekretärin, die seit fünf Monaten verheiratet ist. Symptomatik und Diagnose: funktionelle Herzrhythmusstörungen, Magenbeschwerden, Phobien und Depressionen.

Die Patientin berichtet, manches in der Ehe belaste sie, und sie klagte: „Obwohl wir uns körperlich gut verstehen, passen wir nicht zusammen. Wir sind ganz andere Typen."

Die Instruktion vor dem Ausfüllen des DAI lautete: „Kommt es im Bereich der Pünktlichkeit (Ordnung usw.) zu Konflikten? Wer von Ihnen (Sie oder Ihr Partner) legt mehr Wert auf Pünktlichkeit (Ordnung usw.)?" Dem jeweiligen Fall entsprechend sind Modifikationen der Instruktion möglich.

Mit +++ ist die höchste Wertung ausgesprochen, mit – die niedrigste Bewertung, +– bedeutet Indifferenz; (++), (+) und (--), (–) sind Abstufungen. Die zweite Spalte gibt die Selbstbeurteilung der Patientin hinsichtlich der Aktualfähigkeiten wieder. Die dritte Spalte kennzeichnet die Fremdbeurteilung des Partners durch die Patientin; gegebenenfalls könnten für andere wichtige Bezugspersonen weitere Spalten eingeführt werden. Die letzte Spalte enthält Spontankommentare.

Differenzierungsanalytisches Inventar
einer 23-jährigen Patientin

Aktual-fähigkeiten	Ich	Partner	Spontanaussagen
Pünktlichkeit	+++	+−	Wenn ich meinen Mann ab- hole, kann ich ruhig eine halbe Stunde auf ihn warten. Wenn ich ausnahmsweise zu spät komme, wird er ungeduldig.
Sauberkeit	++	++	Keine Probleme. Weder mein Mann noch ich sind Schmutz- finken.
Ordnung	+	+++	Ich bin der Meinung, eine Wohnung soll so aussehen, dass sie zeigt, dass Leute darin wohnen. Er ist der Auffassung, dass die Wohnung aussehen muss wie ein Katalog.
Höflichkeit	+++	+++	Für uns beide ist gegenseitige Rücksichtnahme sehr wichtig. Ich will meinem Mann nicht wehtun und habe auch von ihm bisher kein beleidigendes Wort gehört.
Gehorsam	+−	+−	Ich finde schon, dass man sich gegenseitig anpassen muss und Verzichte leisten. Aber wenn jemand, wie mein Vater, absoluten Gehorsam fordert, mag ich das überhaupt nicht. Meinem Mann geht es ähnlich wie mir. Er nennt seinen Vater nur noch den „General".

+ = positiv ausgeprägt   − = negativ ausgeprägt

Ehrlichkeit	+–	++	Mein Mann kann eher sagen, was er denkt. Mir bereitet das manchmal große Schwierigkeiten, weil ich niemandem wehtun möchte.
Treue	++	++	Bisher gab es da keine Probleme. Ich glaube, für uns beide ist Treue sehr wichtig.
Gerechtigkeit	+++	+++	Ich glaube, ich würde mich sehr aufregen, wenn mein Mann mich ungerecht behandeln würde. Er ist aber auf diesem Gebiet ebenso empfindlich wie ich.
Sparsamkeit	+–	++	Ich leiste mir das, was ich brauche, von meinem Verdienst.
Fleiß/ Leistung	+++	+++	Ich glaube, wir beide wollen beruflich erfolgreich sein.
Zuverlässigkeit	++	–+	Was den Beruf betrifft, ist mein Mann die Zuverlässigkeit in Person. Auch, wenn es um ihn geht, legt er den größten Wert auf Zuverlässigkeit. Nur, wenn ich einmal Zuverlässigkeit von ihm erwarte, klappt es nicht.
Geduld	–	+–	Die geht mir manchmal ab.
Zeit	+++	–––	Wir haben nicht viel Familienleben. Mein Mann arbeitet Schicht. Wenn ich morgens weggehe, schläft er, wenn ich nach Hause komme, ist er nicht da.

Vertrauen/ Hoffnung	–	++	Wenn ich an unsere Ehe-schwierigkeiten denke, sehe ich eher schwarz. Ich hoffe, dass wir in der Therapie etwas ändern können.
Kontakt	+++	–	Mein Mann ist ein Einzel-gänger. Er hat Hemmungen, die anderen könnten ihn nicht akzeptieren. Wir sind ziemlich isoliert, obwohl ich gerne un-ter Menschen bin. Darunter leide ich sehr.
Sex – Sexualität	+++	+++	Mir macht's Spaß, und ich glaube, meinem Mann macht's auch Spaß.
Glaube/ Religion	+–	+–	Wir sind beide evangelisch, haben uns aber nicht allzu viel gekümmert.

+ = positiv ausgeprägt   – = negativ ausgeprägt

Pünktlichkeit, Ordnung, Höflichkeit, Zeit und Kontakt erwie-sen sich hier als Konfliktpotenziale und als Bereiche dauer-hafter emotioneller Belastung.

Pünktlichkeit: Die Nachlässigkeit des Ehemannes in diesem Bereich, in dem die Patientin selber viel investiert, wird als Ungerechtigkeit erlebt, die Unpünktlichkeit selber als Ver-trauenskrise.

Ordnung: Hier zeigen sich zwei unterschiedliche Konzepte. Die Patientin sieht sich durch die „Pedanterie" ihres Mannes bedrängt. Der hier entstehende Konflikt steht für die Patien-tin in unmittelbarem Zusammenhang mit der Möglichkeit, sich in dem gemeinsamen Lebensraum wohl zu fühlen.

Höflichkeit: Höflichkeit besitzt für beide Partner eine stabilisierende Funktion. Die ritualisierte Höflichkeit hindert beide daran, Konflikte offen auszutragen. Höflichkeit wird somit zum Zeichen der Aggressionshemmung und führt dazu, dass der Konflikt nach innen getragen wird.

Zeit: Hier spielen gesellschaftliche und ökonomische Faktoren hinein (wenn mein Mann nicht Schicht arbeiten müsste). Subjektiv wird die Zeit, die der Partner aufbringen kann, als Zuwendung erlebt.

Kontakt: Auch hier unterschieden sich die Konzepte. Die Patientin interpretiert den Kontaktmangel ihres Mannes als einen Selbstschutz (phantasierte Statusunterschiede innerhalb der Partnerschaft). Sie selber zeigt sich auf diesem Gebiet stark und entwickelt hier Wünsche, die allerdings im Wechselspiel mit den Konzepten ihres Mannes nicht konsequent verwirklicht werden.

Eine Konfliktbereitschaft in diesen Bereichen konnte aus der Lebensgeschichte der Patientin und ihres Mannes (Grundkonflikt) nachgewiesen werden. Als Methode hierzu wurde ebenfalls das DAI angewandt mit der Instruktion: „Worauf haben Ihre Eltern mehr Wert gelegt? Wer hat mehr Wert gelegt auf Pünktlichkeit, Ordnung usw.?" Auf der Basis dieser Analyse des Aktual- und Grundkonfliktes konnte die Konfliktsituation erfasst werden.

Die Therapie wurde im Sinne der Positiven Familientherapie als Partnertherapie durchgeführt und konnte nach 15 Sitzungen, die sich über einen Zeitraum von sechs Monaten erstreckten, abgeschlossen werden. Zum Zeitpunkt der Beendigung der Behandlung sowie bei der Nachuntersuchung nach einem Jahr stellte sich die Patientin als symptomfrei dar und gab an, dass sich die Lebensqualität in ihrer Partnerschaft deutlich verbessert habe: „Vor allem war es für mich das entscheidende Erlebnis, von der Vorstellung abzurücken, das wir nicht zusammenpassten, und die Erfahrung zu machen, auf welchen Problemen des täglichen Lebens unsere Spannungen beruhten."

Fragen machen klug.

*Der Vorteil der Klugheit besteht darin,
dass man sich dieser stellen kann.
Das Gegenteil ist schon schwieriger.*
(KURT TUCHOLSKY)

*Es ist nicht schlimm, wenn man hinfällt,
sondern wenn man liegen bleibt.*

Ausgeschüttetes Wasser kann man nicht mehr auffangen.

Was Menschen gemeinsam ist und worin sie sich unterscheiden

Ideale sind wie Sterne, man kann sie nicht erreichen,
aber man kann sich nach ihnen orientieren.

Der Sonnenrufer

Auf dem Hühnerhof erkrankte der Hahn so schwer, dass man nicht damit rechnen konnte, dass er am nächsten Morgen krähen werde. Die Hennen machten sich daraufhin große Sorgen und fürchteten, dass die Sonne an diesem Morgen nicht aufgehe, wenn das Krähen ihres Herrn und Meisters sie nicht rufe. Die Hennen meinten nämlich, dass die Sonne nur aufgehe, weil der Hahn krähe. Der nächste Morgen heilte sie von ihrem Aberglauben. Zwar war der Hahn zu krank, um krähen zu können, doch die Sonne schien; nichts hatte ihre Gang beeinflusst.

So wie ein Samenkorn eine Fülle von Fähigkeiten besitzt, die durch die Umwelt wie etwa den Boden, den Regen, den Gärtner usw. entfaltet werden, so entwickelt auch der Mensch seine Fähigkeiten in enger Beziehung zu seiner Umwelt. Dem Konzept der Differenzierungsanalyse liegt die Auffassung zugrunde, dass jeder Mensch ohne Ausnahme Grundfähigkeiten besitzt, die *Erkenntnisfähigkeit* und die *Liebesfähigkeit* (Emotionalität). Diese beiden Grundfähigkeiten stehen als zusammenfassende Kategorien hinter den primären und sekundären Fähigkeiten. Sie sind jedoch nicht nur formal die höhere Abstraktionsstufe der Aktualfähigkeiten, sie stellen vielmehr die Gesamtheit der menschlichen Fähigkeiten in einem noch undifferenzierten Stadium dar.

Aus den Grundfähigkeiten differenzieren sich im Verlaufe der individuellen Lebensgeschichte die Ausprägungen der Aktualfähigkeiten, die wir dann als persönliche und unverwechselbare Eigenschaften ansehen. Trotz erfolgter Differenzierung in Aktualfähigkeiten haben wir eine in ihrem Ausmaß nicht abschätzbare Menge von Entwicklungsmöglichkeiten, die in den Grundfähigkeiten ruhen.

Die Aktualfähigkeiten hängen von den geschichtlichen, sozialen und individuellen Bedingungen ab. Erkenntnis- und Liebesfähigkeit gehören dagegen zum Wesen eines jeden Menschen. Dies bedeutet nichts anderes als: *Der Mensch ist seinem Wesen nach gut.* Das gilt unabhängig von der Rasse, der ein Mensch angehört, ob er also schwarz, gelb, rot oder weiß ist, unabhängig von der sozialen Klasse, der er aufgrund der ökonomischen Verhältnisse angehört, und den psychologischen Typen, denen er zugerechnet wird, ob er intelligent, extravertiert, introvertiert, schizothym, zyklothym oder straffällig ist. Nicht nur der gesunde Mensch hat Grundfähigkeiten, sondern auch der kranke, dessen körperliche, seelische und geistige Funktionen gestört sind. Dies gilt selbst für psychisch kranke Menschen, deren Persönlichkeit stark eingeschränkt ist. Bei ihnen verhält es sich ähnlich wie bei aphasisch Sprachgestörten, die wohl fähig sind, eine Sprache zu verstehen und sprachlich zu denken, bei denen jedoch die notwendigen Werkzeugfunktionen gestört sind und die deshalb ihre Sprachfähigkeit nicht nach außen hin realisieren können.

Autistische Personen, die auf nahezu jeden sozialen Kontakt verzichten und abgeschlossen nur in sich leben, besitzen die Liebes- und Erkenntnisfähigkeit ebenso wie der katatone, starre und ausdruckslose Schizophrene oder der so genannte gemütlose Psychopath.

Störungen haben mit den Grundfähigkeiten nichts zu tun.

Es gibt keine schlechten Menschen: Wenn wir jemanden nicht ausstehen können, kann dies darauf beruhen, dass er anders aussieht, als wir es uns gewünscht haben, dass er eine andere Hautfarbe, einen anderen Gesichtsausdruck und bestimmte körperliche Eigenschaften hat, die wir nicht akzeptieren wollen. Wenn wir jemanden verabscheuen, uns vom ihm distanzieren und uns über ihn ärgern, kann das darauf beruhen, dass er nicht unsre Meinung vertritt, uns nicht höflich genug ist, uns warten lässt, unzuverlässig ist und an uns Verhaltensanforderungen stellt, die uns unbequem und ungewohnt sind. Wenn wir einen Menschen nicht mögen, so kann es daran liegen, dass er uns einmal enttäuschte, andere mit ihm schlechte Erfahrungen machten und wir ihm unser Vertrauen entzogen haben. Den Hässlichen jedoch können wir nicht hassen, weil er hässlich ist, den Unhöflichen nicht, weil er unhöflich ist und den Unzuverlässigen nicht wegen seiner Unzuverlässigkeit. Manche, die in unseren Augen hässlich sind, erscheinen in den Augen anderer Menschen schön. Manche, die uns unhöflich erscheinen, haben eine Höflichkeit, wie wir sie verstehen, noch nicht gelernt. Manche, denen wir das Vertrauen entzogen haben, verdienen unser Vertrauen in anderen Bereichen und zu einer anderen Zeit. Auch die jeweilige Zivilisation hat nichts mit dem Wesen des Menschen zu tun. Unsere Vorfahren kannten keine Kleider, benutzen die Hände statt eines Essbestecks, kannten kein Wasserklosett, besuchten weder Schulen noch Universitäten. Und sie waren doch Menschen und uns gleichwertig, genauso wie Menschen aus unserer Zeit, die ein anderes Entwicklungsniveau haben und andere Normen vertreten. Auch wir haben beispielsweise erst die Sauberkeit und Pünktlichkeit gelernt, die wir jetzt vertreten, und zusammen damit die Konfliktanfälligkeit, die sie mitbringen.

Verschiedene Bedingungen, seien es körperliche Schädigungen oder Umweltbedingungen, können dazu führen, dass ein Mensch nicht den geeigneten Zugang zu seinen Fähigkeiten findet. Sicher mag es Fälle geben, bei denen die Liebes- und Erkenntnisfähigkeit so blockiert ist, dass trotz aufwendigster Behandlungen eine Behebung der Beschwerden nicht erreicht werden kann. Jedoch ist es weder logisch noch zulässig, aus der Störung der Werkzeugfunktion und der scheinbar aussichtslosen Prognose zu schließen, dass die Grundfähigkeiten überhaupt nicht vorhanden seien. Die Aussichtslosigkeit ist nicht nur Funktion der Störung, sondern zugleich der historisch bedingten Heilmittel, die man zur Verfügung hat. Eine Entscheidung im Sinne des diagnostischen Urteils erfordert daher nicht selten den Mut des Therapeuten, das Podest des „Objektiven" zu verlassen und zu gestehen: *Ich kann ihm noch nicht helfen*, statt zu sagen: *Es ist ihm nicht zu helfen.*

Wir verlassen damit die Ebene des unmittelbar Beobachtbaren und begeben uns auf die Ebene der Konstrukte, die zwar selber nicht beobachtbar, jedoch erschließbar sind. Wenn wir das Licht einer Glühlampe sehen, sehen wir nur dieses, jedoch nicht seine Ursache, den elektrischen Strom. Ihn können wir erst über seine Wirkungen erschließen.

In diesem Sinn verstehen wir Erkenntnis- und Liebesfähigkeit als jedem Menschen ohne Ausnahme eignende psychische Dispositionen, die ihrer Aktualisierung und Differenzierung bedürfen. Alle anderen Fähigkeiten können aus diesen beiden Grundfähigkeiten abgeleitet oder als Ausdruck verschiedener Kombinationen der Grundfähigkeiten verstanden und auf vielfältige Lebenslagen angewandt werden. Beide Grundfähigkeiten stehen in funktionalem Zusammenhang. Die angemessene Entwicklung einer Fähigkeit unterstützt und erreicht die Entwicklung der anderen. Jeder Mensch verfügt über Grundfähigkeiten, die ihm eine große Bandbreite von Möglichkeiten eröffnen. Je nach den Bedingungen seines Körpers, seiner Umwelt und der Zeit, in der er lebt, werden sich diese Grundfähigkeiten differenzieren und zu einer unverwechselbaren Struktur von Wesenzügen führen.

Es gibt keine Sünder ohne Zukunft
und keine Heiligen ohne Vergangenheit.

❖

Ärgere dich nicht darüber, dass der
Rosenstrauch Dornen trägt, sondern freue dich darüber,
dass der Dornenstrauch Rosen trägt.

❖

Du weißt nicht, wie schwer die Last ist, die du nicht trägst.

Aktualkonflikte und Grundkonflikte _____

Es ist nicht schlimm, wenn man hinfällt,
sondern wenn man liegen bleibt.

Ausgeschüttetes Wasser kann man nicht mehr auffangen.
Der Sohn eines Fürsten heiratete eine junge Frau. Der Bräuti-
gam war von großen Ideen beseelt, aber er kümmerte sich
nicht um alltägliche Dinge des Lebens. Nach einer Weile ließ
sich seine junge Frau scheiden und ging.

Das Schicksal hatte anderes für den Fürstensohn vorgese-
hen. Er wurde eine berühmte Persönlichkeit des Landes. Seine
geschiedene Frau spielte mit dem Gedanken, ihn wieder zu ge-
winnen, besuchte ihn und bat um eine Versöhnung. Der Mann
holte einen großen Eimer voll Wasser, schüttete das Wasser auf
den Boden und bat die Frau, das Wasser wieder in den Eimer
zu tun. Alles was sie zusammenbringen konnte, war eine
kleine Menge unreines und schmutziges Wasser. Der Mann
sprach: „Ein Neubeginn ist genau so schwer, wie verschüttetes
Wasser wieder in den Eimer zu bekommen."

Um einen Konflikt verstehen zu können, müssen wir wissen, wie er sich entwickelt hat und welche inneren und äußeren Bedingungen die Weichen für diese Entwicklung gestellt
haben. Wir verfolgen damit die Lebensgeschichte der einzelnen Familienmitglieder und die Beziehungen, welche das
Bild ihrer Persönlichkeiten geprägt haben. Wir kommen dabei auch auf die Konzepte zu sprechen, die bereits vor der
Geburt dieser bestimmten Menschen in ihrer Familie vor-
herrschten und die gewissermaßen die soziale Form prägten,
in die sie mit ihren Fähigkeiten hineinwuchsen. In ihrer zeitlichen und konditionalen Abfolge lassen sich zwei Konfliktbereiche unterscheiden: der Aktualkonflikt und der Grundkonflikt.

Aktualkonflikt: Damit sind Konfliktsituationen gemeint, die durch aktuelle Probleme bedingt sind, wie berufliche Überforderung, Eheschwierigkeiten, Schwierigkeiten mit den Kindern und Eltern usw. und die als Auslöser einer bestehenden akuten Symptomatik gelten können. Inhaltlich äußert sich der Aktualkonflikt vor allem durch die Verhaltensweisen, die in den Aktualfähigkeiten zum Ausdruck kommen. Diese Inhalte, die im subjektiven Wertsystem begründet liegen, führen zu Konflikten, sobald ihre Auswirkungen die individuellen Grenzen der Belastbarkeit überschreiten:

Ein Kind kommt von der Schule nach Hause und wirft die Schulmappe mit Schwung in die Ecke des Flurs. Die Mutter hat dies von der Küche aus gesehen und beginnt sich fürchterlich darüber zu ärgern. Sie möchte das Kind zur Ordnung rufen, bekommt aber vor innerer Erregung kein Wort heraus, fängt an zu zittern und beginnt plötzlich hemmungslos zu weinen. Ihr Ärger beruht zunächst auf der Einstellung, Ordnung sei außerordentlich wichtig. Diese Einstellung wiederum liegt in dem begründet, was wir als Grundkonflikt bezeichnen.

Grundkonflikt: Der Aktualkonflikt kommt nicht zufällig wie ein Blitz aus heiterem Himmel. Er entwickelt sich mitunter sehr langsam und erreicht schließlich einen Stellenwert, an dem die Konfliktbereitschaft einer Familie oder eines ihrer Angehörigen in seelische oder körperliche Störungen umschlägt. Es ist wie mit dem Tropfen, der das Fass zum Überlaufen bringt. Wir fragen daher nicht nur nach diesem einen Tropfen, der den Aktualkonflikt hervorgerufen hat, sondern auch nach den vielen Tropfen, die das Fass bisher gefüllt haben. Das bedeutet, dass wir die Entwicklung eines Menschen bis in seine frühe Kindheit und die familiären Entwicklungsbedingungen – wenn möglich – über mehrere Generationen verfolgen. Ausrüstung für diesen Ausflug in die Vergangenheit ist wiederum das Instrumentarium der Positiven Psychotherapie.

Mit dem Grundkonflikt erfassen wir die Konfliktbereitschaften sowohl in der Persönlichkeitsstruktur wie auch in
der Familienstruktur. Vor allem psychoanalytische und tiefen-
psychologische Theorien beschäftigen sich mit dem Grundkonflikt, dessen Bewusstwerdung und Aufarbeitung Ziel und
Therapie sind.

Ein Mann formuliert seinen Ärger wie folgt: „Während sich
meine Mutter nach jedem Fusselchen bückte, lässt meine
Frau den Staub zentimeterdick liegen."
    Hier kann ein Staubkrümel zum Anlass eines weiterge-
henden Konflikts werden.

Im Mittelpunkt des Grundkonfliktes stehen für die Positive
Familientherapie die Spielregeln, die eine Konfliktdisposition
darstellen. Da diese Konzepte bereits früh in der Entwicklung erworben werden, bezeichnen wir sie auch als Grundkonzepte. Sie sind eine Thema im Leben eines Menschen,
das sich in verschiedenen Variationen immer wiederholt. Aus
diesem Grund strebt die Positive Familientherapie eine Um-
strukturierung der Konzepte, vor allem der Grundkonzepte
an. Damit spielt sich der therapeutische Prozess nicht nur
im Individuum ab. Vielmehr ist er ein Prozess, der sowohl in
der Persönlichkeit des Einzelnen als auch in den Beziehungs-
strukturen zu seiner Gruppe abläuft.
    Warum ist die Mutter unseres Beispiels der Ansicht, das
In-die-Ecke-Werfen des Ranzens wiege so schwer, dass sie
sich darüber ärgern muss? Die Antwort auf diese Frage darf
man in der Lernvergangenheit der Mutter suchen. Folgende
Situationen sind denkbar: Die Mutter wurde als Kind wegen
ihrer Unordnung ausgeschimpft und bestraft. Oder: Die Aufgaben der Ordnung wurden ihr in der Kindheit abgenommen, und sie erwartet nun, dass die anderen für die Ordnung
sorgen. Oder: Sie wurde einseitig für ihre „Ordnung" ver-
stärkt, auf die sie nun besonders achtet.
    Bei einer Analyse der Familiensituation zeigt sich, dass
die Mutter das Verhalten ihrer eigenen Mutter imitiert (Tradi-

tion) und sich ohne bewusste Kontrolle mit ihr identifiziert. Die emotionale Beteiligung rührt u. a. daher, dass sich die Mutter für ihren Mann und ihr Kind und den Haushalt aufgeopfert und ihre eigenen Interessen und Bedürfnisse vernachlässigt hat (Beziehung zum Ich). Dabei wird das Verhalten des Kindes als Undankbarkeit und Ungerechtigkeit erlebt. Die Konzentrierung ihrer Zuwendung auf das Kind liegt zum Teil darin begründet, dass ihr Ehemann nur wenig Zeit für seine Familie aufbringt (Du) und dass die Mutter kaum eigene Kontakte zu anderen Menschen hat (Wir). Die Hoffnung der Mutter richtet sich nun auf das Kind. Dabei hält sie sich an die übernommenen Vorstellungen von Ordnung und Gehorsam, die als Voraussetzungen für einen „anständigen Menschen" tief in ihr verwurzelt sind (Ur-Wir).

Die Positive Familientherapie betrachtet Menschen nicht nur, wie sie einmal waren und wie sie gegenwärtig sind; sie versucht in ihnen zugleich das zu sehen, was sie werden können, und solche Entwicklungsmöglichkeiten zu fördern.

Die Einstellungen, die als unveränderbar und persönlichkeitsgebunden erscheinen, werden auf ihre lebensgeschichtlichen Voraussetzungen hin relativiert. Neben dem Prozess der Bewusstmachung, des Auffüllens von Erinnerungslücken und des Wiedererlebens der Entwicklungsgeschichte wird ein weiterer Prozess eingeleitet: Indem die konfliktträchtigen Einstellungen und Verhaltensweisen auf ihre Voraussetzungen hin untersucht werden, können die Familienmitglieder sie immer mehr positiv gestalten. Sie lernen, dass ihr Konflikt beeinflussbar ist. Ziel ist, konfliktbesetzte Verhaltens-Bereiche (Aktualkonflikt) als lebensgeschichtlich bedingt (Grundkonflikt) und veränderbar (Beziehung zur Zukunft) zu begreifen.

Für jede Schwierigkeit gibt es eine Lösung:
entweder sie zu lösen – oder sie zu ertragen.

Man sieht den Wald oft vor lauter Bäumen nicht.

Das chinesische Schriftzeichen für „Krise"
ist aus den Zeichen „Gefahr" und „Chance"
zusammengesetzt.

Eine Veränderung
in der Einstellung Menschen und Dingen gegenüber
verändert die Menschen und die Dinge.
(JAMES ALLEN)

Verbindung zu anderen psychotherapeutischen Methoden

Wir müssen lernen,
in neuen Situationen neu nachzudenken.

So geht es in der Welt: der eine steigt, der andere fällt.

Ein Mann war sehr stolz auf sich und meinte, dass ihn bisher niemand hereinlegen konnte oder ihm etwas vormachen konnte.

Da kam der schlaue Hakim zu ihm und sagte: „Das ist ja kinderleicht. Es lohnt sich nicht, mit dir darüber zu wetten." Der erste meinte: „Da du es sowieso nicht schaffen würdest, sagst du es nur so." Hakim war ärgerlich und sagte zu ihm: „Ich muss jetzt noch etwas erledigen. In ungefähr einer Stunde bin ich zurück, dann werde ich dir zeigen, wie ich dich reinlegen kann." Zwei Stunden wartete der Mann auf seinen Herausforderer. Er kam aber nicht. Der Mann merkte nicht, dass er das betrogene Opfer war.

In der Positiven Psychotherapie beschränken wir uns nicht auf allgemeine Feststellungen wie „autoritäres Elternhaus", „starke Elternbindung", „harte oder weiche Erziehung". Und wir sprechen nicht nur von „Selbstwertkonflikten", Minderwertigkeitsgefühlen", „sexuell gestört", „beruflich überfordert", „falsch erzogen", „religiös fixiert", bindungsunfähig", „unter Stress stehend", „Loch im Ich", „kontaktarm", „Phobien" oder einem weitgehend unbestimmten Über-Ich. Wir geben vielmehr die konkreten Inhalte (Aktualfähigkeiten) der innerseelischen und zwischenmenschlichen Vorgänge an.

Bei Depressionen zum Beispiel fragen wir nicht nur nach der depressiven Symptomatik oder nach festgelegten Schlüsselkonflikten, sondern nach den damit gegebenenfalls korrespondierenden konflikthaft besetzten Verhaltensbereichen. Bei einer Angstsymptomatik thematisieren wir nicht primär die Angst, sondern eine Reihe von Bedingungen, die Angst auslösend wirken: Eine Patientin entwickelte zum Beispiel immer dann Ängste, wenn sie abends auf ihren Ehemann warten musste. Ihre Angst zentrierte sich also inhaltlich um die psychosoziale Norm „Pünktlichkeit".

An dieser Stelle eröffnet sich – neben der Bedeutung, welche die Positive Familientherapie für sich hat – die Möglichkeit einer Integration mit anderen psychotherapeutischen Richtungen. Von der Psychoanalyse her könnte man zum Thema „Pünktlichkeit" assoziieren lassen und diese Assoziationen aufarbeiten. In diesem Zusammenhang könnten die Ablösungsproblematik und die infantilen Trennungsängste zur Sprache kommen. Gerade für eine themenzentrierte oder fokussierte Kurztherapie scheint das inhaltliche Vorgehen sinnvoll. Für die Verhaltenstherapie würde die inhaltliche Präzisierung der Angst als Angst in Pünktlichkeitssituationen eine wesentliche Hilfe für eine zutreffende Angsthierarchie sein, die wir dann auch als „Pünktlichkeitshierarchie" bezeichnen könnten.

So können verschiedene psychotherapeutische Richtungen mit Gewinn Gebrauch von dem Instrumentarium der Positiven Psychotherapie machen, ohne ihre Eigenständigkeit aufzugeben.

Der kluge Mann baut vor.
(FRIEDRICH SCHILLER)

Auch wenn die Brücke bricht, bestehen die Ufer weiter.

Der Hastige überspringt seine Gelegenheiten.

Die Bedeutung von Aktualfähigkeiten bei Konflikten

*Die Würde eines Menschen kommt darin
zum Ausdruck, wie viel Wahrheit er verträgt.*

Aufrichtig und ehrlich sein bringt Gefahr

*Eine Frau besuchte ihren kranken Mann im Krankenhaus. Auf
dem Weg zu seinem Zimmer traf sie die hübsche Kranken-
schwester und fragte nach dem Befinden ihres Mannes. „Es
geht im viel besser", sagte die junge Frau, „er versucht jetzt
mich zu küssen."*

Die sekundären und primären Fähigkeiten (Aktualfähigkeiten) sind nicht nur Begriffe oder zufällige Zeiterscheinungen.
Sie treten vielmehr als tradierte und aktuelle Regeln, Normen und Einstellungen der zwischenmenschlichen Beziehungen und als mehr oder weniger wirklichkeitsadäquate Ver-
haltensdirektiven des Individuums in Erscheinung. Sie sind
als spezifisch menschliche Fähigkeiten im Verlauf der Sozialisation ausgeprägt, erworben, internalisiert worden und zum
Teil affektiv besetzt.

„Die ungewaschenen Hände meines Sohnes verderben mir
den Appetit." So die Worte einer 26-jährigen Mutter, die unter
nervösen Magenbeschwerden leidet.

„Wenn ich erfahre, dass meine Tochter in der Schule
schlechte Noten bekommen hat, bekomme ich Herzschmerzen, und kalter Schweiß läuft mir den Rücken herunter." So
eine 34-jährige Mutter von zwei Kindern.

Während für die eine Bezugsperson zum Beispiel der Fleiß
von besonderer Bedeutung sein kann, kann es für die andere
die Ordnung, die Pünktlichkeit, die Höflichkeit, die Ehrlich-

keit, die Sparsamkeit, die Gerechtigkeit, die Genauigkeit usw. sein.

Mit den Wirkungen der Aktualfähigkeiten werden wir im persönlichen und kollektiven Bereich tagtäglich konfrontiert: etwa wenn eine Ehe zustande kommt oder geschieden wird, wenn eine Freundschaft in die Brüche geht, wenn jemandem der Arbeitsplatz gekündigt wird, wenn das Verhältnis der Gruppen und Völker zueinander zum Konfliktpotential wird usw.

Über den Einfluss der Tradition werden die Aktualfähigkeiten zu spezifischen Kennzeichen einer Gruppe, die u. a. wesentlichen Einfluss auf das Verhältnis von Gruppenmitgliedern ausübt.

In der psychotherapeutischen und medizinischen Literatur finden sich besonders im Zusammenhang mit vegetativ-funktionellen Störungen und darüber hinaus mit Verhaltsstörungen, Neurosen und Psychosen zahlreiche Hinweise auf einzelne Aktualfähigkeiten. S. Freud (1942) nannte die Sexualität und Sauberkeit. C. G. Jung (1940), F. Künkel (1962) und V. Frankl (1959) betonen die Bedeutung des Glaubens. E. Fromm (1971) spricht von Hoffnung. A. Mitscherlich (1967) stellt die Bedeutung der Leistungsanforderung und Leistungsmotivation heraus. R. Dreikurs (1970) weist auf die Beziehungen von Erfolg, Prestige und Genauigkeit bei Erziehungsproblemen hin. Bach und Deutsch (1962) verweisen auf die Bedeutung einer offenen Beziehung (Ehrlichkeit) in der Partnerschaft. E. H. Erikson (1966, 1971) formuliert eine Stufenfolge von Tugenden, welche nach den einzelnen Entwicklungsstadien des Menschen und der Reifung der psychischen Funktionen aufgebaut ist. Er nennt: Vertrauen, Hoffnung, Willen, Zielstrebigkeit, Treue im Jugendalter, Fürsorge und Weisheit im Erwachsenenalter.

Erfahrungen zeigen, dass Verschiebungen im Bereich der sekundären und primären Fähigkeiten zu einer Einengung und Einschränkung des Weggesichtsfeldes führen. Der Mensch ist von ihrem Wert so geblendet, dass er blind für andere Werte und Fähigkeiten wird.

„Für mich zählt nur ein Mensch, der sich gut benimmt. Es kann jemand noch so erfolgreich sein, wenn er nicht die entsprechende Höflichkeit zeigt, ist er bei mir unten durch." So eine 53-jährige Patientin mit Kopfschmerzen und Kreislaufbeschwerden.

Bei den Aktualfähigkeiten dargestellte Störungen können sich aufgrund einer Dissonanz innerhalb der sekundären Fähigkeiten selber (man kann fleißig sein, aber nicht ordentlich), innerhalb der primären Fähigkeiten (man kann zu anderen Vertrauen haben, aber nicht zu sich selbst) oder in der Beziehung zwischen primären und sekundären Fähigkeiten entwickeln (man kann ordentlich sein, aber nicht geduldig).

Unter diesem Aspekt können vegetativ-funktionelle Störungen, ferner Neurosen und Psychosen auch als Reaktionsweisen auf Konflikte zwischen primären und sekundären Fähigkeiten und damit als Folge einer mangelnden Differenzierung interpretiert werden.

Transkulturelle Unterschiede

Im Allgemeinen neigen wir dazu, solche Menschen als Freunde zu gewinnen, die in ähnlicher Weise denken wie wir, die gleiche Ansichten über bestimmte Dinge haben und sich bezüglich der Geschmacksrichtungen und Liebhabereien nicht so sehr von der eigenen Position unterscheiden. Ist eine Gruppe unter diesen Gesichtspunkten zusammengesetzt, bildet sich bald ein festes Repertoire von Antworten und somit ein gemeinsamer Grundstock von Selbstverständlichkeiten. Man hat sich nach einiger Zeit kaum noch Neues zu sagen und gefällt sich darin, das Gleiche zu hören und zu wiederholen, weil es bequem ist. Treffen Menschen unterschiedlicher Herkunft und Kultur zusammen, entwickeln sich leicht Spannungen. Sie sind in der Regel darauf zurückzuführen, dass unterschiedliche Verhaltensmuster und verschiedene Erwartungen aufeinander stoßen. Man stelle sich vor, ein Gruppenmitglied habe gelernt, besonders auf Höflichkeit zu achten. Es wird versuchen, den anderen Mitgliedern gegenüber Aggressionen zu vermeiden, jedoch zugleich eine recht geringe Toleranzschwelle gegenüber der Unhöflichkeit der anderen Gruppenmitglieder haben. Umgekehrt kann ein anderer Gruppenpartner diese Haltung als heuchlerisch und unehrlich empfinden, da er es gelernt hat, geradeheraus seine Meinung zu sagen. Allein das Wechselspiel dieser beiden Gruppenmitglieder wird Zündstoff genug liefern, um unter Umständen die Gruppe auseinander fallen zu lassen.

Im Abendland beobachten wir die Tendenz, die sekundären Fähigkeiten, zum Beispiel die Leistungsfähigkeit, besonders hervorzuheben, was zuweilen mit einer Vernachlässigung primärer Fähigkeiten, wie etwa dem Kontakt, einhergeht. Im Orient besteht dagegen die Neigung, die primären Fähigkeiten zu betonen, die sich am Kontakt orientieren, wobei verschiedene sekundäre Fähigkeiten offensichtlich vernachlässigt werden.

Ein Beispiel für transkulturelle Unterschiede ist der Umgang mit den Aktualfähigkeiten „Zeit", „Pünktlichkeit", „Geduld". Jeder Mensch verfügt über die Fähigkeit, seine Zeit einzuteilen. Wie jedoch diese Zeiteinteilung bewertet wird, hängt wesentlich von dem jeweiligen kulturellen Bezugsfeld ab. Eine hochorganisierte Industriegesellschaft ist auf die Pünktlichkeit ihrer Mitglieder angewiesen. In einer bäuerlichen Gesellschaft dagegen werden Menschen die Zeit weniger straff einteilen und nicht so sehr der Pünktlichkeit, sondern eher der Geduld einen höheren Stellenwert beimessen. Dies ergibt sich aus ihrer Situation. Sie sind darauf angewiesen zu warten und sich dem Rhythmus der Natur anzupassen. So fordern verschiedene Systeme eine unterschiedliche Beziehung zur Zeit. Keine dieser Auffassungen von Zeiteinteilung ist von vornherein die bessere. Jede hat ihre eigenen Probleme, die aus der Einseitigkeit resultieren: Betonung der Pünktlichkeit im Zusammenhang mit den Stressphänomenen der Industriegesellschaft; großzügig strukturierte Zeiteinteilung im Zusammenhang mit dem Fatalismus orientalischer Bevölkerungsgruppen. Die Beziehung zu „Fleiß" und „Leistung" entspricht diesem Unterschied: an Produkten, am Überfluss und am Konsum orientierte Gesellschaften auf der einen Seite, autarke und weniger produktionszentrierte Lebensweise auf der anderen Seite.

Geradezu spannend wird es, wenn unterschiedliche Bezugssysteme aufeinander treffen. Entwicklungshilfe, Industrialisierung und – in entgegengesetzter Richtung – Stadtflucht, Folklore und Alternativbewegung sind Beispiele für die Konfrontation derart unterschiedlicher Lebensweisen.

Die einzelnen Lebensstile und das Aufeinandertreffen verschiedener Konzepte rufen typische Konflikte hervor, und dies nicht zuletzt deshalb, weil alle Extremformen einer „primären" oder „sekundären" Orientierung an der Gesamtheit der Fähigkeiten des Menschen vorbeigehen. Die Fähigkeit zur Leistung (Erkenntnisfähigkeit, sekundäre Fähigkeiten) und die Fähigkeit zur Emotionalität (Liebesfähigkeit, primäre Fähigkeiten) schließen sich nicht aus, sondern ergänzen einander. Das lässt an eine Utopie denken mit gesellschaftlichen Bedingungen, unter denen der Mensch alle seine Fähigkeiten in einem harmonischen Verhältnis zueinander entfalten kann, also leistungsfähig ist, ohne die Beziehung zu seinen Gefühlen und zu seinen zwischenmenschlichen Abhängigkeiten zu verlieren, und eine reife Emotionalität und Kontaktbezogenheit entwickeln kann, ohne in der Entfaltung seiner produktiven Fähigkeiten behindert zu sein.

Nicht jeder muss die Ordnung eines Buchhalters, die Pünktlichkeit eines Maurers, die Genauigkeit eines Schneiders und die Sauberkeit eines Chirurgen haben. Losgelöst von der Situation und dem Zeitpunkt, zu dem sie ihre volle Berechtigung besitzen, werden diese Fähigkeiten zur Karikatur, mehr noch, zum Konfliktpotenzial.

Ein Chirurg wäscht sich mehrmals vor der Operation, jeweils über drei bis fünf Minuten, die Hände. Vollzieht er das gleiche Ritual zu Hause und verlangt es auch von seiner Familie, wird die in der einen Situation begründete und notwendige

Handlung zur Farce. Sie ist funktionslos (vgl. Peseschkian „Psychotherapie es Alltagslebens", S. 53).

Der Kluge ist auf alle Ereignisse vorbereitet.

Glaube nie etwas, was der Vernunft widerspricht,
ohne es zu prüfen.

Sei großzügig gegen jeden,
und sei vorsichtig,
von jedem etwas anzunehmen.

Wer fremde Sprachen nicht kennt,
weiß nichts von seiner eigenen.
(JOHANN WOLFGANG VON GOETHE)

Drei Interaktionsstadien in der Entwicklung _____

Schon wegen der Neugier ist das Leben lebenswert.

Aus kleinem Wort kommt oft großer Zank

Ein Kind hat öfter etwas Erde in den Mund gesteckt. Die Versuche der Mutter, das Kind davon abzubringen, waren vergeblich. Auf einmal hatte die Mutter eine geniale Idee: „Wer Erde herunterschluckt, der bekommt einen dicken Bauch!" Es hat gewirkt. Wochen später, bei einer Kaffee-Einladung kommt eine schwangere Frau herein. Das Kind sprang auf und sagte zu ihr: „Ich weiß, was du gegessen hast, dass du so einen dicken Bauch bekommen hast!"

In der individuellen Entwicklung wie auch in partnerschaftlichen familiären Beziehungen durchläuft jeder Mensch drei Stadien: das Stadium der Verbundenheit, das Stadium der Differenzierung (Unterscheidung) und das Stadium der Ablösung. Sie strukturieren das zwischenmenschliche Zusammenleben (vgl. Positive Psychotherapie, S. 139—152).

1. Das Stadium der Verbundenheit:

Es beruht auf der biologischen Abhängigkeit des noch ungeborenen Kindes von seiner Muter. Sie wird nach der Geburt durch eine soziale Symbiose abgelöst. Das Kind ist auf die Zuwendung seiner sozialen Umwelt angewiesen. Es fordert Geduld, Zeit und Zuwendung und benötigt körperlichen und sozialen Kontakt. Die Eltern fühlen sich ihrerseits dem Kind durch Liebe, Hoffnung und Verantwortung verbunden. Doch das Bedürfnis nach Verbundenheit begleitet einen Menschen sein ganzes Leben lang. Auf ihm gründen sich zum wesentlichen Teil die Suche nach einem Partner, der

Wunsch, mit anderen Menschen zusammen zu sein und der Zusammenhang einer Gruppe, wie ihn die Familie darstellt. Wird das Bedürfnis nach Verbundenheit zum dominierenden Verhalten eines Menschen, das über längere Zeit hin andauert, und in seinen zwischenmenschlichen Beziehungen immer wieder auftritt, sprechen wir von einem *naiv-primären* Verhalten. Dieser Reaktionstyp entspringt in der Regel einer überbeschützenden Erziehung, in der die primären Fähigkeiten Vorrang hatten. Der naiv-primäre Typ entspricht der depressiven Neurosenstruktur. Die vorwiegende Reaktion ist die Flucht in die Einsamkeit oder die Flucht in den Kontakt, der Solidarität und Geborgenheit bietet.

Konzepte:
„Ich kann es nicht allein."
„Die anderen müssen mir helfen."
„Wenn ich keine Hilfe bekomme, dann ist alles vorbei."
usw.

2. Das Stadium der Differenzierung:

Die Differenzierung ist ein Grundprinzip sowohl der körperlichen als auch der seelischen Entwicklung. In der Sozialisation zeichnet sich das Stadium der Differenzierung (Unterscheidung) durch den Erwerb sozial erwünschten Verhaltens aus. Dies geschieht in der Differenzierung der Erkenntnisfähigkeit und der Ausprägung der sekundären Fähigkeiten, welche die Beherrschung der Natur und soziale Behauptung gewährleisten. Zum anderen vollzieht sich eine Differenzierung der Liebesfähigkeit, das heißt, wir lernen, wem gegenüber und wie Gefühle gezeigt werden dürfen und in welchen Umgangsformen wir unsere triebhaften Bedürfnisse befriedigen können. Mit anderen Worten: Durch die Unterscheidung gewinnen die Gefühle eine soziale Gestalt. Dieser Prozess vollzieht sich in der Auseinandersetzung mit den Strukturen, die wir in unserer Umgebung vorfinden. Während in der Stufe der Verbundenheit eher allgemeine Konzepte wie Optimismus, Pessimismus, Selbstakzeptanz oder Selbstablehnung geprägt werden, entstehen in der Stufe der Differenzierung spezialisierte Konzepte und Verhaltensnormen:

„Wasch dir die Hände!" – „Steh endlich auf!" – „Benimm dich anständig!" – „Lern was!" – „Sei sparsam!" usw. Dies geschieht durch direkte Anweisung, durch das Vorbild der Bezugsperson und dadurch, dass erwünschte Reaktionen bestätigt, unerwünschte ignoriert oder bestraft werden. Als Anpassung an die Umwelt kann Differenzierung ein reibungsarmes Leben ermöglichen. Sie führt jedoch dann zu Schwierigkeiten, wenn die eigene Struktur der Differenzierungen nicht mit den anderen Differenzierungsstrukturen übereinstimmt. Eine weitere Komplikation innerhalb der Differenzierung ist dann zu erwarten, wenn das sozial erwünschte Rollenverhalten den bestehenden Triebbedürfnissen nicht Rechnung trägt. Gewinnt die Differenzierung einseitig die Oberhand, sprechen wir von dem *sekundären Reaktionstyp.* Im Umfeld dieses sekundären Typs – er orientiert sich an den sekundären Fähigkeiten – ist die zwanghafte Neurosenstruktur angesiedelt. Der Zwanghafte wehrt mit seiner „Über-Differenzierung" bedrohliche Triebbedürfnisse ab und zwängt sie in das Korsett einer pedantischen Lebensweise. Den sachlichen Beziehungen wird Vorrang vor der emotionalen Beteiligung eingeräumt. Charakteristisch für den sekundären Typ ist die Flucht in die Aktivität.

Konzepte:
„Ich kann alles allein."
„Ich brauche keine Hilfe von anderen."
„Lass andere für dich arbeiten."
usw.

3. Das Stadium der Ablösung:

Innerhalb der Entwicklung des Menschen kann in jedem Entwicklungsstadium eine spezifische Einheit erreicht werden. Einheit bedeutet die Integration von Fähigkeiten zu einer individuellen Persönlichkeit. Damit ist eine Autonomie verbunden, deren Bedeutung bis zum Erwachsenenalter zunimmt.

Während ein Mensch in den frühen Abschnitten seiner Entwicklung im Sinne der Verbundenheit abhängig war und später durch Maßregeln gesteuert wurde, benötigt er später diese Informationen von außen nicht mehr in gleichem Maße. Er hat sie als Konzepte übernommen und entscheidet auf ihrer Grundlage für sich und andere. Das bedeutet zugleich, dass er sich von den engeren Bezugspersonen ablöst und die Informationen, die er braucht, selbstständig sucht und Verantwortung übernimmt. Wir können hier von einem Stadium der Ablösung sprechen, das die reifende und reife Persönlichkeit kennzeichnet. Ablösung bedeutet nicht nur, dass man sich von einem Objekt oder einer Person abwendet. Sie ist zugleich Zuwendung zu einem anderen Objekt, zu einer anderen Person. Diese Aufeinanderfolge von Ablösung und Verbundenheit ermöglicht es, Kontakt mit anderen Personen und Gruppen herzustellen, das heißt: sein Wertgesichtsfeld zu erweitern und neue Unterscheidungen zu erwerben, vielleicht aber auch alte Unterscheidungen umzuwerten. Viele Menschen schwanken zwischen Ablösung und Verbundenheit, möchten selbstständig sein, können jedoch diese Selbstständigkeit nicht ertragen oder wünschen sich die Zuneigung eines Partners, der sie jedoch in dem Wunsch nach Freiheit wieder entfliehen. Wir sprechen hier von dem *Doppel-Bindungs-Typ*. In groben Zügen entspricht der Doppel-Bindungs-Typ der hysterischen Neurosenstruktur. Davon betroffene Menschen lassen sich von außen her durch plötzliche Angebote und neue Möglichkeiten lenken und erscheinen sich selbst und ihrer Umgebung gegenüber als unberechenbar.

Konzepte:
„Ich kann alles allein, hilf mir doch."
„Ich will, aber ich will nicht."
„Wenn du mir hilfst, ist es mir unangenehm,
wenn du es lässt, ist es auch nicht recht."
usw.

Die Entstehungsbedingungen des Grundkonfliktes wurden hier unter typologischen Aspekten dargestellt. Typen sind ihrem Wesen nach abstrakte Zusammenfassungen gemeinsamer Merkmale. Die Wirklichkeit ist bunter. Hier finden sich weniger reine Formen als vielmehr Mischformen in ihren unterschiedlichsten Abstufungen und Schattierungen. Ein wesentlicher Unterschied zwischen den dargestellten typischen Haltungen und Verhaltensweisen und den meisten gängigen Typologien besteht darin, dass wir den Reaktionstyp dynamisch von seinen Entstehungsbedingungen her begreifen. Konstitution und Veranlagung spielen eine zweitrangige Rolle. Das heißt, jede Erziehungsform, jede typologische Zuordnung ist nicht notwendiges Schicksal, sondern kann sich im Lauf der Zeit ändern.

Fragen zu den drei Interaktionsstadien

Um festzustellen, in welchem Stadium der Interaktion sich der Partner befindet, stellt man sich die folgenden Fragen:

Stadium der Verbundenheit:
    „Hat mein Partner (gerade jetzt) das Bedürfnis, mit mir zusammen zu sein?"
    „Benötigt er meine Zuwendung?"
    „Hat er eine intensive emotionale Beziehung zu mir entwickelt?"

Stadium der Differenzierung:
    „Fehlen meinem Partner Informationen?"
    „Benötigt er meinen Rat?"
    „Braucht er meine Meinung als Entscheidungshilfe?"

Stadium der Ablösung:
    Dies meint die Abschwächung, Änderung oder Auflösung emotionaler Beziehungen. Von Ablösung sprechen wir aber auch, wenn ein Partner eigene Vorstellungen durchzusetzen versucht, wenn er eigene Entscheidungen treffen möchte.

Wir fragen hier:

> „Möchte mein Partner für sich, auch ohne meine Entscheidungshilfe, eine Entscheidung treffen?"
> „Schränkt mein Rat seine persönliche Freiheit ein?"
> „Beansprucht er für sich Unabhängigkeit?"

Jedes dieser Stadien trifft auf ein Erwartungsstadium der Bezugsperson.

Man fragt sich selbst:

> „Erwarte ich, dass mein Partner bei mir bleibt, mir hilft, sich mir gegenüber emotional verbunden fühlt und Dankbarkeit zeigt?" (Verbundenheit).
> „Habe ich das Bedürfnis, meinem Partner Rat zu geben, ihn in seinen Entscheidungen zu beeinflussen oder ihn zu warnen?! (Unterscheidung).
> „Erwarte ich von meinem Partner Selbstständigkeit? Möchte ich die Verantwortung für ihn nicht mehr übernehmen? Halte ich es für richtig, ihn sich selbst zu überlassen? (Ablösung)

Beispiel für eine Situationsanalyse unter dem Gesichtspunkt der drei Interaktionsstadien Verbundenheit, Unterscheidung und Ablösung.

Verbundenheit	Unterscheidung	Ablösung
Die 28-jährige berufstätige Frau hat sich den ganzen Tag darauf gefreut, am Abend mit ihrem Mann zu schmusen.	Als der Ehemann nach Hause kommt, beschwert er sich: „Ich sehe, die Arbeit in der Küche ist noch nicht gemacht, und die Wäsche ist immer noch nicht gewaschen. Ich frage mich manchmal, wozu man heiratet!"	Er setzt sich vor das Fernsehgerät. Sie schließt sich ins Schlafzimmer ein.

Es gibt drei Wege zu richtigem Handeln:
Der erste – durch Nachahmung. Das ist das einfachste.
Der zweite – durch Erkenntnis. Das ist der edelste.
Der dritte – durch Erfahrung. Das ist der bitterste.

Gott gab uns die Zeit,
von Eile hat er nichts gesagt.

Sei nicht so süß, dass man dich auffrisst.
Und sei nicht so bitter, dass man dich ausspuckt.

III.

Sich selber zu helfen wissen – Lösungsperspektiven

Die fünf Stufen der Positiven Psychotherapie und Selbsthilfe

Es ist nicht genug zu wissen,
man muss auch anwenden.

Wahre Weisheit

Der König wusste, dass sein Sohn und Thronfolger eines Tages seinen Platz einnehmen wird. Deshalb versuchte er, ihn mit bestmöglichem Wissen vertraut zu machen. Er holte die weisesten Männer des Landes und bat sie, seinen Sohn alles zu lehren, mit alledem, was die selbst wissen.

Die Lehrer arbeiteten sehr gründlich, bis der Junge alle Fragen beantworten konnte. Der König war sehr erfreut und beschenkte sie mit einem Sack voller Gold.

„Wir haben unser Bestes getan und jetzt weiß der Prinz alles über die Vergangenheit. Doch ein wahrer weiser Mann soll auch etwas über die Zukunft wissen."

Nach dieser Äußerung gingen die Lehrer. Der König dachte über die Worte der Weisen nach und rief einen Wahrsager in den Palast. Auch dieser Mann hat alles, was er wusste, dem Jungen beigebracht und danach den Palast verlassen.

Nun hat der König den besten Gelehrten des Landes geholt, um den Jungen zu testen. „Das ist ein einfacher Test", sagt der Gelehrte, „aber der Test sagt viel über deinen Sohn."

Der Gelehrte holte aus seiner Tasche etwas heraus. Der König und alle anderen durften es sehen, der Prinz aber nicht. Er hielt also den Gegenstand fest in seiner Hand und fragte den Jungen: „Was verberge ich in meiner Hand?" Der Junge erfasste die Hand des Weisen, überlegte und sagte: „Es ist hart und weiß, rund und hat ein Loch in der Mitte. Es muss ein Bergkristall sein."

Alle lachten, weil das Objekt hart, weiß, rund war und in der Mitte ein Loch hatte. Aber es war eine Perle und kein Bergkristall.

*Der Gelehrte sagt: „Wahre Weisheit ist nicht, über alles Be-
scheid zu wissen, sondern das Beste aus dem Wissen zu machen."*

Kernstück der Positiven Psychotherapie ist das fünfstufige
Vorgehen. Die Logik dieses Vorgehens kann man an einem
alltäglichen Beispiel verdeutlichen: Wenn wir uns über die
Unhöflichkeit, Ungerechtigkeit oder Unehrlichkeit eines Partners ärgern, liegt es nahe, uns innerlich beunruhigt zu fühlen, offen über ihn zu schimpfen, mit anderen über ihn und
seine Schwächen zu sprechen oder uns zurückzuziehen. Wir
werden ihn nicht mehr als Menschen mit seinen vielfältigen
Fähigkeiten sehen, sondern nur noch als Unhöflichen, Unge-
rechten oder Lügner, der uns durch sein offenbares Fehlverhalten gekränkt hat. Man ist weder bereit noch in der Lage,
sich mit den vielen Eigenschaften dieses Menschen zu beschäftigen, die wir sonst als positiv und angenehm bewertet
hätten. Die unangenehmen Erlebnisse legen sich wie ein
Schatten auf die Beziehung zu ihm. Damit hat diese Beziehung einen eigenen destruktiven Verlauf genommen, der ganz
typischen Spielregeln gehorcht: Man ist nur noch bereit, sich
mit dem „Bösen" zu beschäftigen. Jede Auseinandersetzung
verkümmert letztlich zu Machtkampf, Affektausbruch oder
Resignation. Die Kommunikation ist blockiert. Schließlich
kommt es so weit, das man, um die anderen zu bestrafen, die
eigenen Ziele einschränkt und sich zurückzieht. Man begibt
sich in den Schmollwinkel und zementiert den Zustand der
Störung. Diese Entwicklungskette kann zu psychischen und
psychosomatischen Störungen führen. Sie repräsentiert einen
typischen Prozess der Konfliktverarbeitung. Ihm entspricht
die fünfstufige Psychotherapie als Rahmenmodell des therapeutischen Vorgehens:

1. Stufe der Beobachtung/Distanzierung
2. Stufe der Inventarisierung
3. Stufe der situativen Ermutigung
4. Stufe der Verbalisierung
5. Stufe der Zielerweiterung

Gehen wir von dieser Entwicklungskette aus, die im Weiteren auch zu psychischen und psychosomatischen Störungen führen kann, ergibt sich folgendes Grundprinzip für eine Behandlung:

1. Stufe der Beobachtungen und Beschreibung:

Man legt, wenn möglich schriftlich, Rechenschaft ab, worüber, wem gegenüber und wann man sich ärgert.

– Beobachten Sie das Verhalten Ihres Partners. Schreiben Sie auf, worüber sie sich ärgern.
– Beschreiben Sie die Situation genau, in denen Sie sich ärgern.
– Während Sie den Partner beobachten, kritisieren Sie nicht. Geben Sie in dieser Zeit keine noch so wohlgemeinte Ratschläge.
– Probleme sind Privatsache; sprechen Sie nicht mit unbeteiligten Personen darüber.

2. Stufe der Inventarisierung:

Anhand eines Inventars der Aktualfähigkeiten (DAI) stellen wir fest, in welchen Verhaltensbereichen man selbst und der Partner positive Eigenschaften außer den kritisierten hat. Wir können damit einer Verallgemeinerung vorbeugen.

– Übertragen Sie Ihre Beobachtungen in das Differenzierungsanalytische Inventar (DAI).
– Signieren Sie die positiv ausgeprägten Fähigkeiten mit einem (+) und die negativen mit einem (−).

Das Inventar wird für Sie erst richtig verständlich, wenn Sie zu jeder einzelnen Aktualfähigkeit kurze Angaben machen, wo, wann, wie oft und wem gegenüber das Verhalten auftritt. Füllen Sie ebenso wie für den Partner ein DAI für sich selber aus: Bewerten Sie Ihre eigenen Aktualfähigkeiten.

– Finden Sie die konflikthaft ausgeprägten Aktualfähigkeiten heraus; einmal für den Partner, zum anderen für sich selber, und schließlich vergleichen Sie die beiden Profile der Aktualfähigkeiten.

3. Stufe der situativen Ermutigung:

Um ein Vertrauensverhältnis aufzubauen, verstärken wir einzelne positiv ausgeprägte Eigenschaften, die mit den negativ ausgeprägten Eigenschaften korrespondieren.

Die drei Extrembeurteilungen des Differenzierungsanalytischen Inventars werden aufgeschrieben.

Als das aktuelle Fähigkeitspaar wird die positive und negative Extrembeurteilung herausgesucht, die zur Zeit am wichtigsten erscheint.

Dem aktuellen Fähigkeitspaar des Partners wird die korrespondierende Fähigkeit der Bezugsperson gegenübergestellt. Korrespondierende Fähigkeit ist der Verhaltensbereich auf Seiten der Bezugsperson, welcher der negativ beurteilten Fähigkeit des Partners entspricht.

Eine Woche lang wird die positiv beurteilte Fähigkeit des Partners bei konkreten Anlässen gelobt. Kritisiert wird nicht. Für die Bezugsperson steht in dieser Zeit die korrespondierende Fähigkeit im Vordergrund. Sie führt zum Beispiel eine Woche der Geduld durch.

4. Stufe der Verbalisierung:

Um aus der Sprachlosigkeit oder der Sprachverzerrung des Konflikts herauszukommen, wird schrittweise die Kommunikation mit dem Partner nach festgelegten Regeln trainiert. Man spricht sowohl über die positiven als auch über die negativen Eigenschaften und Erlebnisse.

In dieser Stufe werden die auftretenden Konflikte durchgesprochen. Man beginnt das Gespräch mit gerechtfertigten Ermutigungen, um eine Vertrauensbasis herzustellen.

Der Partner nennt seine Beschwerden: die Bezugsperson hört zu.

Der Partner hört sich die Beschwerden der Bezugsperson an.

Für die auftretenden Probleme werden gemeinsame Lösungsmöglichkeiten gesucht.

5. Stufe der Zielerweiterung:

Die neurotische Einengung des Gesichtsfeldes wird gezielt abgebaut. Man lernt, den Konflikt nicht auf andere Verhaltensbereiche zu übertragen, sondern vielmehr neue und vielleicht bisher noch nicht erlebte Ziele zu erschließen.

Zwischenmenschliche Konflikte sind durch Zieleinengungen gekennzeichnet (man zieht sich zurück, reagiert einseitig).

In der Zieleinengung werden einzelne Aktualfähigkeiten zur Waffe (man sieht nur die Unordnung usw.). Die Zielerweiterung geschieht in den vier Bereichen der menschlichen Beziehung: In der Beziehung zum Ich, zum Du, zum Wir und zum Ur-Wir. In der Zielerweiterung sucht man die Einseitigkeit zu überwinden, indem man neue Betätigungen und Ziele für sich und seinen Partner sucht.

Die Einrichtung einer Familien-, Eltern-, oder Partnergruppe ermöglicht die systematische Auseinandersetzung mit Wünschen und Zielvorstellungen einzelner Familienmitglieder.

Die fünf Stufen zielen auf eine Erweiterung des Repertoires an Konfliktverarbeitungsmöglichkeiten hin.

Auf jeder dieser Stufen sind Geschichten, Konzepte und Parabeln hilfreich, die an die jeweiligen Erfordernisse der Behandlung angepasst werden können. Innerhalb der fünfstufigen Positiven Familientherapie sind sie Hilfsmittel, die den Patienten den Umgang mit Phantasiematerial ermöglichen. Zugleich sind sie Hilfsmittel für den Therapeuten, Beziehungen zur Phantasie und Intuition aufzunehmen.

Jede der fünf Stufen spricht den Menschen als soziales Wesen an, bezieht ihn in die Lebensgemeinschaft ein, in der er sich entwickelt und in der seine Konflikte entstehen. Sie provoziert seine Fähigkeit zur Selbsthilfe. Die Positive Familientherapie greift also auf die Familiengruppe zurück, in welcher der Patient lebt. Wenn diese Familiengruppe nicht mehr greifbar ist, bezieht sie unter Umständen Menschen ein, die in irgendeiner Form die familiäre Umgebung ersetzen (vgl. Peseschkian, 2002: Wenn du willst, was du noch nie gehabt hast, dann tu, was du noch nie getan hast).

Erfahrungen wurden mit dieser Methodik bei partnerschaftlichen Konflikten, Erziehungsproblemen, Depressionen, Phobien, Sexualstörungen, psychosomatischen Beschwerden wie Magen-Darm-Beschwerden, Herz- und Kreislaufbeschwerden, rheumatischen Beschwerden und Asthma gesammelt.

Der Behandlungserfolg zeigt, dass in der Regel schon nach einer kurzen Zeit (nach 10 bis 15 Sitzungen) entweder eine erhebliche Besserung der Beschwerden oder eine Heilung erfolgte. Kontrolluntersuchungen nach einem Jahr zeigten in der Mehrzahl der Fälle einen dauernden Therapieerfolg. Besonders günstige Erfolge zeigen sich bei neurotischen und psychosomatischen Störungen. Damit erwies sie sich im Vergleich zu den üblichen anderen Therapieformen als eine günstige Alternative.

Sie verachten einander und tun einander schön;
sie wollen einander über sein
und machen voreinander Bücklinge.
(MARC AUREL)

Viele denken, sie sind frei,
weil sie machen können, was sie wollen,
und merken doch nicht, dass sie ihre Diktatur in sich tragen.
(ERNESTO CARDENAL)

Wisset, dass das Geheimnis des Glücks die Freiheit,
das Geheimnis der Freiheit aber der Mut ist.
(PERIKELES)

Man lebt nicht, wenn man nicht für etwas lebt.
(ROBERT WALSER)

Was du erhältst, nimm ohne Stolz an,
was du verlierst, gib ohne Trauer auf.
(MARC AUREL)

Lösungsperspektiven gewinnen

Mache deine Stolpersteine zu Treppenstufen.

50 Jahre Höflichkeit

Ein älteres Ehepaar feierte nach langen Ehejahren das Fest der Goldenen Hochzeit. Beim gemeinsamen Frühstück dachte die Frau: „Seit 50 Jahren habe ich immer auf meinen Mann Rücksicht genommen und ihm immer das knusprige Oberteil des Brötchens gegeben. Heute will ich mir endlich diese Delikatesse gönnen." Sie nahm sich das Oberteil des Brötchens und gab das andere Teil ihrem Mann. Entgegen ihrer Erwartung war dieser hocherfreut, küsste ihre Hand und sagte: „Mein Liebling, du bereitest mir die größte Freude des Tages. Über 50 Jahre habe ich das Brötchen-Unterteil nicht mehr gegessen, das ich vom Brötchen am allerliebsten mag. Ich dachte mir immer, du solltest es haben, weil es dir so gut schmeckt."

Vier Reaktionstypen im Umgang mit Konflikten:

1. Der Höfliche:

Er hält aus Rücksicht auf andere mit seiner Meinung hinter dem Berg: „Das kann ich doch nicht sagen." Auf der anderen Seite hegt er die Erwartung, dass die anderen ihm seine Wünsche von den Augen ablesen: „Das können sie sich doch denken." Die enttäuschten Erwartungen sammeln sich hinter der Maske der Höflichkeit und äußern sich darin, dass der Höfliche sich zurückzieht oder psychosomatische Beschwerden entwickelt: „Die hätten sich doch denken können, dass ich mich dafür interessiere. Stattdessen denken sie nur an sich. Mit solch egoistischen Menschen kann ich nicht zusammenleben."

Das ist der Typus des Konfliktverleugners, der versucht, sich nach außen ruhig und konfliktfrei zu verhalten. Diese Menschen verleugnen die Probleme oft aus Angst.

2. Der Ehrliche:

Er sagt seine Meinung geradeheraus, sagt, was er denkt, gleichgültig, ob er seine Partner damit verletzt oder nicht: „Ich habe ihm meine Meinung gesagt. Wenn er das nicht verträgt, kann er mir gestohlen bleiben." Er drückt seine Interessen durch und gilt daher als Egoist. Von seiner Umgebung wird seine Ehrlichkeit unter Umständen auch geschätzt. Häufiger ist jedoch das Unverständnis der anderen, die sich durch den „Egoismus" brüskiert fühlen. Folge davon können Schuldgefühle sein.

Das ist der Typus des Konfliktverstärkers. Er neigt dazu, Konflikte sofort anzugehen und auf einer Lösung zu beharren.

3. Der Wankelmütige:

Er pendelt zwischen Höflichkeit und Ehrlichkeit, zwischen Aggression und Schuldgefühlen: „Es tut mir leid, dass ich so schonungslos mit ihm umgegangen bin, ich weiß nicht, wie ich es wieder gutmachen kann." – „Lange Zeit habe ich nichts gesagt und alles hinuntergeschluckt. Jetzt ist mir aber der Geduldsfaden gerissen, und ich habe ihm Wort für Wort gesagt, was ich von ihm denke."

Das ist der Typus des Konfliktverschiebers. Er sieht die Probleme, geht sie aber nicht an, sondern wendet sich anderen Dingen zu.

4. Der Kluge:

Er integriert Ehrlichkeit und Höflichkeit: „Sie haben in dieser Arbeit einige Fehler gemacht – das kann passieren. Bitte machen Sie es noch einmal."

Das ist der Typus, der fähig ist, Probleme angemessen zu lösen und zu verarbeiten, so dass nicht nur er davon profitiert, sondern auch sein Konfliktpartner.

Es gilt, kommunikative Fähigkeiten zu entwickeln, die beispielsweise darin bestehen, dass man sich traut zu sagen, was einem gefällt oder nicht gefällt, was man möchte oder ablehnt. So können sich die anderen akzeptiert fühlen und können verstehen, was man meint.

Außerdem werden metakommunikative Fähigkeiten angesprochen, die darin bestehen, dass man in der Lage ist, Kommunikationsstörungen zu erkennen, ihre Bedingungen und Ursachen zu erfassen, die beteiligten Missverständnisse und Konzepte wahrzunehmen und mögliche Störungen zu beheben.

Konflikt- verstärkung	Konflikt- verneinung	Konflikt- verschiebung

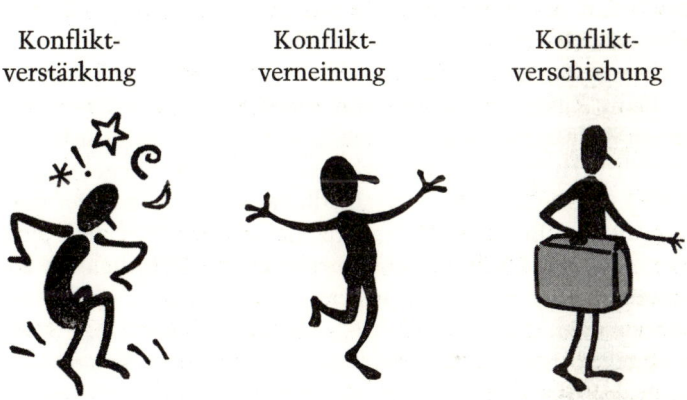

Konfliktverarbeitung

Andere Kulturen sind anders

Im Abendland beobachten wir die Tendenz, die Offenheit besonders hervorzuheben, was zuweilen mit einer Vernachlässigung der Höflichkeit gegenüber dem Partner einhergeht. Anpassung und Dankbarkeit werden mitunter als Unterdrückung der eigenen Wünsche und Bedürfnisse, ja sogar der ganzen Persönlichkeit interpretiert. Sie werden losgelöst von der jeweiligen Situation betrachtet und führen daher oft zu Missverständnissen.

Im Orient besteht dagegen die Neigung, die Höflichkeit, die sich am Kontakt orientiert, zu betonen, wobei vielleicht die Offenheit vernachlässigt wird. Die mangelnde Offenheit wird jedoch nicht wie im Abendland als Beeinträchtigung der Persönlichkeit erlebt.

Beim Zusammentreffen von Menschen aus unterschiedlichen Kulturen und unterschiedlicher sozialer Herkunft entwickeln sich leicht Spannungen. Sie sind in der Regel darauf zurückzuführen, dass unterschiedliche Verhaltensmuster und verschiedene Erwartungen aufeinander stoßen. Man stelle sich vor, ein Partner habe gelernt, besonders auf Höflichkeit zu achten. Er wird versuchen, gegenüber dem Partner Aggressionen zu vermeiden, jedoch zugleich eine recht geringe Toleranz gegenüber dessen Unhöflichkeit entwickeln. Umgekehrt kann der Partner diese Haltung als heuchlerisch und unehrlich empfinden, da er gelernt hat, geradeheraus seine Meinung zu sagen. Allein dieses Wechselspiel zwischen den Partnern wird unter Umständen genug Zündstoff liefern, um die Partnerschaft auseinander fallen zu lassen.

Es kommt also darauf an, zwischen dem „Entweder-oder" eine Integration zu finden, Orient und Okzident miteinander zu vereinen.

Die Ist-Wert-/Soll-Wert-Technik

Kommunikationsschwierigkeiten werden meist dadurch begünstigt, dass der Betreffende nur seinen Konflikt und nichts anderes sieht. Die Reaktion auf seinen Konflikt hat für ihn schicksalhaften Charakter. Er hat das Gefühl, er könne nicht anders, als sich über seinen Partner zu ärgern, sich zurückzuziehen oder Zuflucht in der Krankheit zu finden. Ziel ist es nun, für den Partner alternative Einstellungen und Verhaltensweisen zu entwickeln, die dieser speziellen Partnerschaft angemessen sind.

Hier bietet sich als Methode der Selbstkontrolle die „Ist-Wert-/Soll-Wert-Technik" an.

In der ersten Spalte (Situation) wird eine aufgetretene Konfliktsituation kurz dargestellt: Worüber man sich wann, wo, wem gegenüber und unter welchen Bedingungen ärgerte, freute oder unwohl fühlte.

In der zweiten Spalte (Ist-Wert) wird beschrieben, wie man in der beschriebenen Situation reagierte: Wie hat man sich gefühlt, wie gehandelt, was hat man gesagt, was gedacht? In dieser Spalte wird auch versucht, die Frage zu beantworten: Warum reagiere ich in dieser Situation gerade so und nicht anders? Wer von meinen Bezugspersonen (Eltern, Geschwister, Lehrer, Chef) hätte ähnlich gehandelt? Schließlich stellt sich die Frage: Welche Konsequenzen hat meine Reaktion für mich und für die anderen?

In der dritten Spalte (Soll-Wert) wird dargestellt, wie man seiner Ansicht nach hätte besser reagieren können. Auch soll hier versucht werden, zu spezifizieren: Wozu würde diese alternative Handlungsweise führen?

Durch diese Situationskontrolle können beide Partner lernen, im Sinne von Höflichkeit und Ehrlichkeit besser über problematische Punkte zu sprechen und herauszufinden, welche

Inhalte und Konzepte (Aktualfähigkeiten) an den Konflikten beteiligt sind. Auf diese Weise muss keiner der Partner aus Höflichkeit und Dankbarkeit Situationen ertragen, die ihn belasten oder krank machen.

Beispiele für die „Ist-Wert-/Soll-Wert-Technik

Situation	Ist-Wert	Soll-Wert
Worüber habe ich mich wann, wo, wem gegenüber und unter welchen Bedingungen geärgert oder gefreut?	Wie habe ich mich gefühlt, wie gehandelt, was habe ich gesagt, was gedacht? Warum reagierte ich in dieser Situation gerade so und nicht anders? Wer von meinen Bezugspersonen hätte ähnlich gehandelt? Welche Konsequenzen hat meine Reaktion für mich und für die anderen?	Wie hätte ich anders/besser reagieren können? Wozu würde diese andere Reaktion führen?

Das Beispiel eines 43-jährigen Managers

Situation (Was liegt vor?)	Ist-Wert (Wie habe ich reagiert?)	Soll-Wert (Wie kann ich besser reagieren?)
Meine Frau hinterlässt die Küche in einem sehr unordentlichen Zustand.	Mich ärgert das sehr, da ich mich in einem unordentlichen Raum nicht wohl fühle. Wir beide haben da auch unterschiedliche Arbeitsstile. Ich versuche während des Kochens immer wieder aufzuräumen, damit es immer ordentlich und übersichtlich bleibt. Bei meiner Frau liegt aber alles kreuz und quer rum. Ich reagiere genervt und aggressive auf meine Frau. Ich bin sehr wütend. Folge: Ich ärgere mich und meine Frau ärgert sich. Dies ist eines der Mikrotraumen, die dazu beitragen, dass meine Frau unzufriedener wird und dadurch auch weniger Lust auf Zärtlichkeiten hat, körperlich durch Gewichtszunahme reagiert.	Ich lobe meine Frau für das gute Essen und helfe einfach beim Aufräumen. In der Partnergruppe können wir dann den Punkt besprechen, vor allem kann ich versuchen den Arbeitsstil meiner Frau zu verstehen (bei mir zu Hause hieß es: Ordnung ist das halbe Leben, bei meiner Frau; Unordnung ist die Wonne der Phantasie . . .), evtl. sogar akzeptieren. Oder wir finden eine Lösung, die uns beiden hilft (alles was herumliegt kommt in ein Körbchen und wir räumen es dann abends gemeinsam auf).

	Das Ärgern hat Einfluss auf alle Bereiche.	Ich kann auch lernen, mich nicht darüber zu ärgern und meine Erwartungen zum Thema Ordnung (und Gehorsam) herunterschrauben. In der Partnergruppe können wir unsere früheren Erfahrungen aufarbeiten.
	Körper: Gewichtszunahme, Schlappheit, Antriebslosigkeit.	
	Leistung: Konzentrationsschwierigkeiten, Flucht in die Arbeit.	
	Kontakt: Keine Kraft, Leute einzuladen oder auf andere Menschen zuzugehen.	Folge: Reduzierung der Mikrotraumen für meine Frau und mich. Dies gibt mehr Kraft und Energie für den Alltag, erfülltere private und berufliche Aktivitäten.
	Phantasie/Zukunft: Pessimistischer Blick in die Zukunft.	

Ein 34-jähriger Beamter, der sich sehr stark in das Dankbarkeitssystem verstrickt fühlte, bereitete seinen Eltern mit der Wahl seiner Frau eine Überraschung: „Auch ich bekam von meinen – geschiedenen – Eltern manchmal zu hören: „Such dir ein Mädchen, das zu uns passt!" Als ich dann heiratete, war der Schock perfekt. Die ach so erwünschte brave Schwiegertochter, die sich der Schwiegermutter möglichst unterordnet, dabei noch Enkel produzierend, brav am Herd stehend, möglichst strickend vorm Fernseher hockend, entpuppte sich als selbstbewusste Frau, die meine Eltern sofort auf die gewünschte Größe zurechtstutzte. Von einer liebevollen Familienbindung kann bei uns – in Beziehung zu meinen Eltern – nicht gesprochen werden."

Doch auch der Mann hatte Schwierigkeiten mit der selbstständigen Frau. Nachdem sie gewissermaßen stellvertretend für ihn die Revolte gegen seine Eltern eingeleitet hatte, stellte er sich später immer mehr schützend vor sie und ließ sich schließlich von seiner Frau scheiden.

Eine junge Frau berichtete: „Meiner Mutter kam es hauptsächlich darauf an, was die Leute sagten. Ob wir selbst dabei glücklich waren, das hat sie weniger interessiert. Es ging ihr in erster Linie darum, was die Leute sagen. Später ärgerte mich die Höflichkeit meiner Mutter oft, denn ich sah etwas Falsches darin. Wenn ich mich darüber beschwerte, dass meine Mutter so wenig Zeit für mich hatte, wurde sie ganz ungeduldig und fertigte mich kurz ab. Überhaupt legte sie größten Wert auf Höflichkeit und Gehorsam, dass ich bald darauf verzichtete, aufzumucken und mir angst und bange wurde. Vaters ehrliche, aber etwas grobe Art hat mich als Kind eigentlich etwas beängstigt. Ich hatte eine Freundin, die ist mit ihren Eltern umgesprungen, wie ich es nie wagen würde. Sie sagte ihrer Mutter einfach: „Heute kannst du nicht kommen, es passt mir nicht. Ich habe was anderes vor." So was würde ich mich kaum trauen. Wenn ich mir so was bloß vorstelle, sehe ich das Theater vor Augen, das mir meine Mutter daraufhin machen würde."

Du kennst sie nur von außenwärts,
du siehst die Weste, nicht das Herz.
(WILHELM BUSCH)

Heute ist der erste Tag vom Rest deines Lebens.

Einer kann nicht alles wissen.

Die Gemüsesuppe

*Viele verschiedene Gemüsesorten wie Karotten, Lauch, Selle-
rie, Zwiebeln, Paprika, Zucchini, Tomaten, Bohnen mit Wasser,
Salz, Gewürzen, Kräutern und Kartoffeln werden auf dem
Herd zu einem Eintopf gekocht. Jeder Feinschmecker weiß,
dass dieses Gericht etwas ganz anderes ist, als die Summe der
Zutaten. So wie der Gesamtgeschmack eines Eintopfs nicht auf
das eine oder andere Gemüse zurückgeführt werden kann, so
können auch die Lösungsvorschläge und Erfolge einer Gruppe
nicht auf den Beitrag eines Einzelnen zurückgeführt werden,
sondern sind das Ergebnis der Gruppenarbeit.*

Die Familiengruppe

Sozialisation und Erziehung sind Prozesse der Primärfamilie.
Erziehungskorrekturen können im Rahmen der Positiven Familientherapie vor allem in der Familiengruppe und der er-
gänzenden Elterngruppe stattfinden. Neue Formen der Pro-
blembewältigung werden dabei eingeübt und kontinuierlich
in den Familienalltag eingebracht. Bewährt haben sich in den
Familiengruppen folgende Fragen:

— Was ist das Problem?
— Welches sind die Ursachen, Hintergründe, Konzepte, die
  sich hinter dem Problem verbergen?
— Welche Ziele und Interessen werden dabei verfolgt?
— Welche Lösungsmöglichkeiten bieten sich an?

Zielerweiterung:
Erweitern Sie Ihre Ziele im Bereich der Aktualfähigkeiten: Welche Aktualfähigkeiten haben Sie bisher stiefmütterlich behandelt?

Erschließen Sie neue Möglichkeiten der Konfliktverarbeitung: Welche Bereiche sind bisher zu kurz gekommen? Welche Formen der Beziehung halten Sie bei sich und Ihrem Partner für entwicklungsfähig?

Rollentausch:
Jeweils für einen Tag übernimmt ein Partner einige Tätigkeiten aus den Rollenaufgaben des anderen. An einem Tag steht ein Familienmitglied mit seinen Wünschen und Bedürfnissen im Vordergrund. An einem anderen hat ein anderes Familienmitglied seinen „Wunschtag". Schließlich versucht die ganze Familie herauszufinden, welche Bedürfnisse und Interessen sie gemeinsam haben.

Was tun Sie, wenn Ihr Partner nicht mitmacht? Erinnern Sie sich daran, dass Sie eigene Interessen haben. Sie leben nicht nur für andere, sondern auch für sich selbst. Häufig braucht der Partner seinerseits eine gewisse Zeit, bis er Ihr Vorbild akzeptieren kann.

Fragen Sie: Warum möchte mein Partner nicht mitmachen? Dabei finden sich mitunter Hinweise auf Missverständnisse: Will mein Partner nicht mitmachen, weil er sich überrumpelt fühlt, oder hat er einen eigenen Weg gefunden, den ich nur schwer akzeptieren kann?

Die Elterngruppe

Parallel und begleitend zur Familiengruppe halten die Eltern gemeinsame Sitzungen ab, 30−45 Minuten, zumindest zwei Mal in der Woche. Dabei können sich Vater und Mutter inhaltlich über die Erziehungskonzepte verständigen, damit sie eine einheitliche Sprache sprechen und Einigkeit vor den Kindern vertreten.

Folgende Spielregeln erleichtern den Erfolg:
— Treffen der Familie zum vereinbarten Zeitpunkt
— Bewährt hat sich eine Sitzordnung am Tisch
— Keine Störungen durch Telefon, Radio oder Fernsehen
— Auf angenehme Atmosphäre achten
— Zusammenstellung der Problempunkte
— Festlegen, welche Probleme besprochen werden sollen
— Durcharbeiten der einzelnen Punkte
— Sammeln aller verschiedenen Lösungsmöglichkeiten
— Gemeinsamer Beschluss für ein Motto der Woche
— Das Motto wird auf eine Memokarte notiert und hat für alle Gruppenmitglieder Gültigkeit
— Festlegung von Aufgaben und Rollentausch
— Planung künftiger Unternehmungen wie Ausflüge, Reisen, Feste, Einkäufe ...

Alte Gewohnheiten
sollte man nicht auf einmal zum Fenster hinauswerfen,
sondern wie einen netten Gast zur Haustür begleiten.
(NOSSRAT PESESCHKIAN)

Beim Ratgeben versuche deinem Freund zu helfen,
nicht ihm zu gefallen.
(SOLON)

Ein einziges trockenes Zündhölzchen ist mehr wert
als eine ganze Predigt über das Feuer.
(W. J. OEHLER)

Wenn man einen Menschen nicht verlieren will,
muss man seine verwundbare Stelle respektieren.
(ELISE PINTER)

Wenn wir immer das tun, was wir können,
bleiben wir immer das, was wir sind.

Die Wahl zwischen Kuh und Tränke

Ein Bauer hatte lange Zeit gespart, um für seine Kuh eine wunderschöne Tränke aus Ton kaufen zu können. Nach reiflicher Überlegung hatte er sich für eine Tränke entschieden, die ungefähr die Form eines Fasses hatte. Eines Tages verfingen sich ihre Hörner in der Öffnung, und das Tier blieb mit dem Kopf im Fass stecken. Den Bauer überkam große Verzweiflung, als er feststellen musste, dass er den Kopf der Kuh nicht aus der Tränke befreien konnte. Er beklagte sein Unglück und bat Allah, den Allmächten, um Beistand. Was sollte er nun tun? Sollte er die Tränke zerschlagen, die er erst kürzlich für viel Geld auf dem Basar erstanden hatte? Oder sollte er die Kuh schlachten? Nachdenklich blieb er stehen. Dann griff er zum Beil und schlug der Kuh den Kopf ab. Er wollte wenigstens die Tränke retten, musste aber erkennen, dass er auch jetzt den Kopf der Kuh nicht aus der Tränke bekam. Verzweifelt begann er, das wertvolle Gefäß zu zerschlagen. Als er auf die Scherben zu seinen Füßen sah, wurde ihm schmerzlich bewusst, dass er beides verloren hatte: Kuh und Tränke.

Selbsthilfe

Die Selbsthilfe fordert die Aktivität. Sie ist seine Methode des Vorbeugens, der präventiven Medizin und Psychohygiene, und darüber hinaus ein wesentliches Element im psychotherapeutischen Vorgehen. Die Medizin kennt Fitness-Trainingsprogramme, Diätvorschriften und Kontrolltabellen. Hier lernt man unter Anleitung des Arztes, aktiv etwas für seine

Gesundheit zu tun. Genauso kann man versuchen, Erziehungsprobleme, berufliche Konflikte und partnerschaftliche Schwierigkeiten über Selbsthilfe zu bewältigen.

Muss man aber erst geschieden sein, um zu wissen, wie gut eine Ehe ist? Muss man erst einen Herzinfarkt oder Diabetes mellitus gehabt haben, um beurteilen zu können, wie wichtig die körperliche Gesundheit ist? Muss man erst einen Suizidversuch begangen haben, um sich über die Bedeutung der seelischen Gesundheit klar zu werden? Muss man erst im Gefängnis gesessen haben, um die Freiheit zu schätzen? Muss man erst einen Wagen zu Schrott fahren, um zu wissen, dass zu dichtes Auffahren ein erhöhtes Unfallrisiko in sich birgt?

Ärger schlägt auf den Magen

In unserer Umgangssprache haben wir einen trefflichen bildhaften Vergleich. Wir sagen „Jemand frisst alles in sich hinein", allen Ärger, allen Kummer. Jemand, der dies tut, ist sicherlich ein höflicher Mensch, denn er belästigt ja mit seinen Sorgen und seinem Ärger nicht seine Umgebung. Er ist zugleich aber seinen eigenen Bedürfnissen gegenüber unehrlich, indem er nicht etwas nach außen trägt, sondern immer nur nach innen hineinfrisst. Ein in dieser Weise unbewältigter Konflikt kann wieder zu seelischen und körperlichen Störungen führen. Die Medizin spricht bei Erkrankungen, bei denen seelische und körperliche Faktoren mitspielen, von psychosomatischen Erkrankungen.

Häufig sind es nicht die großen Ereignisse, die zu Problemen und Störungen führen, sondern die im Alltag immer wiederkehrenden kleinen Verletzungen, die schließlich ein Charakterbild formen, das für einzelne Konflikte auffällig ist.

Wenn sich beispielsweise eine Frau tagtäglich über die Unordnung und Unpünktlichkeit ihres Partners ärgert, ist damit keinem der beiden geholfen. Es wäre besser, sie würde sich klar machen, dass es unterschiedliche Begriffe von Ordnung und Pünktlichkeit gibt, und sie würde sich bemühen, die Motive aufzudecken, die sich hinter dem Verhalten des Partners verbergen.

Ein anderes Beispiel: Ein Mensch, der gelernt hat, dass er nur dann etwas wert ist, wenn er im Beruf und im zwischenmenschlichen Bereich Erfolg hat, wird plötzlich eine tief greifende Niederlage erleiden, wenn er auf einmal den ihm gestellten Aufgaben nicht mehr gewachsen ist. „Von Kind an bin ich auf Leistung gedrillt worden ... Der Beruf macht mir sogar Spaß, aber ich habe keine Beziehung zu anderen Menschen. Mit meinen Kindern kann ich auch nicht viel anfangen. Freizeit ist für mich eine Qual", sagt ein 42-jähriger Rechtsanwalt mit Depressionen.

Das Konfliktmodell

Äußere Ereignisse („Life-Events" wie berufliche Veränderungen, Umzug, Todesfall) und Mikrotraumen (Anhäufung von Ereignissen wie Unpünktlichkeit des Partners, Zugverspätung, Unzuverlässigkeit und Ungerechtigkeit eines Mitarbeiters) treffen auf die Persönlichkeit eines Menschen in ihrer körperlichen, psychischen, sozialen und geistigen Dimension. Durch dieses Aufeinandertreffen äußerer Belastungen und persönlichkeitsbedingter Möglichkeiten und Fähigkeiten zur Verarbeitung dieser Belastungen entsteht der Aktualkonflikt.

Man unterscheidet zwischen Erlebnissen mit hoher Stressintensität und solchen, die allgemein als wenig belastend empfunden werden. Unerwartete Ereignisse sind zudem stärker stressfördernd als voraussehbare.

Solche Ereignisse, die uns täglich begleiten, gehen nicht spurlos an uns vorüber. Was wir hören, sehen, erfahren und erleben, müssen wir verarbeiten. Unsere Sinne leiten die Informationen an das Gehirn weiter, das die neue Information auf der Grundlage der früher erhaltenen Information bewertet. Wie man etwas erlebt, hängt zum einen von den Vorerfahrungen, zum anderen von der jeweiligen Situation sowie davon ab, wer etwas sagt und auf welche Art und Weise.

Wir sind aber nicht nur das Produkt unserer Vorerfahrungen und unserer Umwelt, sondern können auch selber unser Erleben beeinflussen, aktiv in unser Leben eingreifen und Risikofaktoren abbauen, indem wir uns folgende drei Fragen stellen:

– Worüber ärgere ich mich eigentlich? Was bereitet mir Angst, Unbehagen oder Freude?
– Welche Möglichkeiten habe ich, das Problem zu lösen?
– Was würde ich machen, wenn ich keine Probleme und Beschwerden hätte?

Hier hilft die Situationskontrolle durch die „Ist-Wert-/Soll-Wert-Technik" (s. o.).

Der Weise lernt von den Erfahrungen anderer.
Der Tor muss alle Erfahrungen selbst machen.

Fische fängt man mit der Angel, Leute mit Worten.

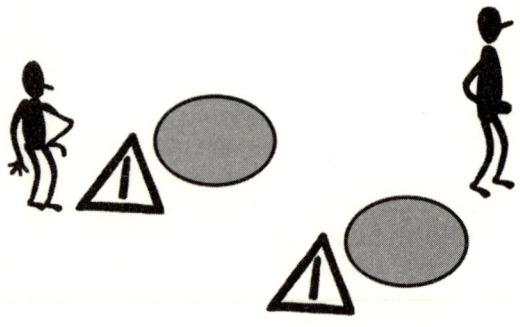

IV.

Möglichkeiten der Konfliktverarbeitung

Konflikte verstehen ⸺⸺⸺⸺⸺⸺⸺⸺⸺

Was man besonders gerne tut,
ist selten ganz besonders gut.

Eine Metapher für das positive Vorgehen
Ein Mann stellte fest, dass er Schulden hatte. Dieser Gedanke ließ ihn nicht mehr schlafen. Er litt unter Depressionen und wollte aus dem Leben scheiden. Dies klagte er einem guten Freund. Der hörte sich geduldig die Sorgen an. Anschließend sprach er jedoch nicht über die Schulden. Das verwunderte den Mann sehr. Sein Freund sprach stattdessen von dem, was der Mann noch als Eigentum besaß, vom Geld, das er hatte und von den Freunden, die bereit waren, ihm zu helfen. Plötzlich sah dieser seine Situation mit anderen Augen. Indem er seine Energie nicht mehr zugunsten der vergeblichen Sorgen um die Schulden verbrauchte, sondern sie im Verhältnis zu seinem tatsächlichen Vermögen sah, hatte er genügend Kräfte frei und Wege offen, sein Problem zu lösen.

Typische Formen des Umgangs mit Konflikten

Konfliktinhalte und Konfliktdynamik

Um menschliche Konflikte zu verstehen, fragen wir nach den Inhalten, die in ihnen ausgetragen werden. Im psychosozialen Bereich sind diese Inhalte nicht statisch, sondern entwickeln ihre eigene Dynamik. Am markantesten zeigen sie sich im Umgang mit den Menschen, die für uns eine besondere Bedeutung besitzen, unseren Eltern, Großeltern, Geschwistern, Partnern, Kindern und anderen wichtigen Personen und Gruppen. Die entstehenden Konflikte spielen sich auf mehreren Ebenen zugleich ab: in der Erlebnisverarbeitung, der Partnerbeziehung, der Familie und in größeren sozialen Gruppen. Die Inhalte, mit denen wir solche Konflikte beschreiben wollen, müssen – um diesen verschiedenen Aspekten gerecht zu werden – auf allen Beziehungsebenen vorkommen.

Wir wollen uns mit den verschiedenen Möglichkeiten beschäftigen, wie die Konfliktinhalte erfasst werden können, und zeigen, wie sie die Konfliktdynamik beeinflussen.

Vier Formen der Konfliktverarbeitung

Trotz aller kultureller und sozialer Unterschiede und der Einzigartigkeit jedes Menschen greifen alle Menschen bei der Bewältigung ihrer Probleme auf typische Formen der Konfliktverarbeitung zurück. Wenn wir ein Problem haben, uns ärgern, uns belastet und unverstanden fühlen, in ständiger Anspannung leben oder in unserem Leben keinen Sinn sehen, können wir diese Schwierigkeiten in den folgenden vier Formen der Konfliktverarbeitung zum Ausdruck bringen, denen analog vier Medien der Erkenntnisfähigkeit zugeordnet werden. Sie lassen erkennen, wie man sich und seine Umwelt wahrnimmt und auf welchem Weg der Erkenntnis die Realitätsprüfung erfolgt.

1. Körper (Mittel der Sinne)
2. Leistung (Mittel des Verstandes)
3. Kontakt (Mittel der Tradition)
4. Phantasie (Mittel der Intuition)

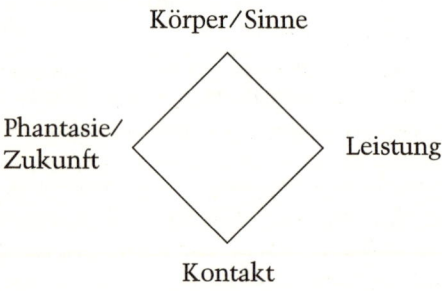

Diese Begriffe sind relativ weit gefasst. Sie werden jeweils mit den eigenen Vorstellungen, Wünschen und Konflikten gefüllt.

Ein Familienbeispiel:

Der Vater reagiert mit Flucht in die Arbeit (Leistung), die Mutter reagiert durch Rückzug, Meidung sozialer Kontakte (Kontakt), das Kind reagiert durch körperliche Beschwerden (Körper). Diese unterschiedlichen Reaktionsweisen können zu Kommunikationsschwierigkeiten führen.

Jeder Mensch entwickelt seine eigenen Präferenzen, wie er auftretende Konflikte verarbeitet. Durch die Überbetonung einer Form der Konfliktverarbeitung geraten die anderen Formen in den Hintergrund, so dass die Balance gestört ist. Welche Formen der Konfliktverarbeitung bevorzugt werden, hängt zu einem wesentlichen Teil von den Lernerfahrungen ab, vor allem von denen, die man in seiner eigenen Kindheit machen konnte. Die vier Reaktionsformen werden in der konkreten Lebenssituation durch typische Konzepte modelliert.

Orientierende Fragen zu den vier Formen der Konfliktverarbeitung:

— Wie reagieren Sie, wenn Sie Probleme haben?
  Antworten Sie auf Probleme durch Ihren Körper, durch Leistung, indem Sie Hilfe bei anderen Menschen suchen oder in Ihrer Phantasie?

— Welche Aussage gilt für Sie?
  Ich glaube, was ich sehe; ich glaube, was ich verstehe; ich glaube an das, was – zum Beispiel durch meine Eltern – überliefert ist; ich glaube an das, was mir spontan einfällt.

— Was war das Motto zu Hause?
  Zum Beispiel: Essen und Trinken hält Leib und Seele zusammen. Kannst du was, dann bist du was. Was sagen die Leute? Alles liegt in Gottes Hand.

Eine Patientin erzählte: „Wenn ich mich aufrege, bekomme ich Kopfschmerzen und beschäftige mich in Gedanken stundenlang damit."

Wir signieren die Antwort folgendermaßen:

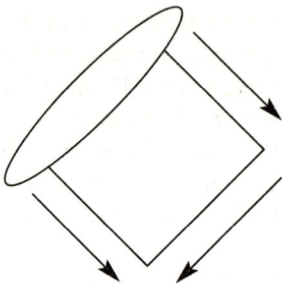

Auf die Frage, wie ihr Partner auf Konflikte reagiere, antwortete sie: „Mein Mann zieht sich in seinen Hobbykeller zurück und arbeitet wütend fast die ganze Nacht. Manchmal höre ich, wie er dabei laut schimpft."

Die Konfliktbereiche sind: „Fleiß/Leistung" und „Phantasie". Es ergab sich folgendes Bild:

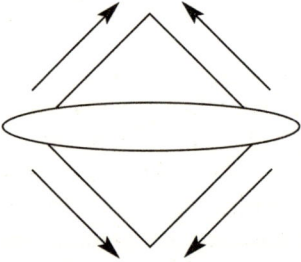

Wir erfassen damit individuelle Reaktionsbereitschaften und Verhaltensmuster, wie sie in dieser Partnerschaft häufiger anzutreffen scheinen. Ein Vergleich der beiden Darstellungen zeigt, dass der Körper (beide haben sich schon seit längerer Zeit sexuell nichts mehr zu sagen) und der Kontakt ausgespart sind. In der Tat ergibt die weitere Befragung, dass der

Kontakt ein echter Defizitbereich in dieser Partnerschaft ist. Wir verlassen vorerst den konfliktträchtigen Bereich und beschäftigen uns stattdessen mit den entwicklungsfähigen Bereichen.

Dieses Vorgehen entspricht wiederum dem positiven Ansatz.

Die vier Bereiche entsprechen einem Reiter, der leistungsmotiviert (Leistung) einem Ziel zustrebt (Phantasie). Er braucht dazu ein gutes und gepflegtes Pferd (Körper) und für den Fall, dass dieses ihn einmal abwerfen sollte, Helfer, die ihn beim Aufsteigen unterstützen (Kontakt). Dies bedeutet, dass eine Therapie sich nicht nur mit einem Bereich, zum Beispiel dem Reiter, beschäftigen kann, sondern alle beteiligten Bereiche berücksichtigen muss.

Auf diese Weise lassen sich individuelle und kleingruppenspezifische Stile der Konfliktverarbeitung darstellen. Auch kulturspezifische Reaktionsweisen können so erfasst werden.

In westlichen Gesellschaften stehen eher die Bereiche „Körper" und „Leistung" im Vordergrund, während im Orient die Tendenz zeigt, den „Körper", den „Kontakt" und die „Phantasie" höher zu bewerten. Trotz dieser Tendenz erlebt jeder die Welt auf seine Weise und entwickelt seine eigenen, die Einzigartigkeit seiner Persönlichkeit entsprechenden Reaktionsformen.

Somatisch orientierte Ärzte haben oft erhebliche Schwierigkeiten mit südländischen und orientalischen Patienten, die zwar offenkundig leiden, deren Befunde jedoch den Arzt im Unklaren lassen. Dieses Krankheitsbild wird mit dem Begriff des „transalpinen Syndroms" erfasst. Hiermit sind die kulturellen und herkunftsbezogenen Konzepte der Patienten sowie die Entwurzelungs- und Ablösungsproblematik vom Herkunftsland beschrieben. Probleme werden durch den eigenen Körper ausgedrückt. Die vier Bereiche der Konfliktverarbeitung können den Therapeuten gerade hier auf wesentliche Aspekte der Störung hinweisen, die in der Maschinerie der organisch-medizinischen Diagnostik und Therapie gewöhnlich nicht sichtbar werden.

Im Folgenden sollen die vier Bereiche näher beschrieben werden:

1. Körper/Sinne

Im Vordergrund steht das Körper-Ich-Gefühl.
Wie nimmt man seinen Körper wahr?
Wie erlebt man die verschiedenen Sinneseindrücke und Informationen aus der Umwelt?

Die durch die Sinne aufgenommenen Informationen laufen durch die Zensur der erworbenen Wertmaßstäbe. Die einzelnen Sinnesqualitäten können im Zusammenhang mit derartigen Erlebnissen konflikthaft besetzt werden. Durch seine Sinne nimmt das Kind zu Beginn seiner Entwicklung Kontakt zu seiner Umwelt auf. Die Gesamtheit der Aktivitäten wird durch die Sinne kontrolliert. Der Schlaf- und Fütterungsrhythmus kann Einfluss auf die Entwicklung der Pünktlichkeit haben. Manche Menschen geraten in Panik, wenn sie jemanden schreien hören. Die Erinnerung an zornig schreiende Eltern oder die ständige Forderung der Eltern, sich ruhig zu verhalten, machen Lärm subjektiv unerträglich. Auch die anderen Sinnesqualitäten können betroffen sein. Ein schmutziges Aussehen ist an sich kein Anlass zur Aufregung. Erst dadurch, dass man am eigenen Leibe erfahren musste, dass Schmutz etwas Schlechtes ist und Schmutzigsein eklig, reagieren wir auf den Anblick eines verdreckten Menschen mit Abscheu. So werden diese Bereiche zum „Ort" geringerer Widerstandskraft und vermehrter Anfälligkeit. Konflikte werden psychisch und psychosomatisch verarbeitet.

Die Organwahl eines psychosomatisch erkrankten Patienten wird im Hinblick auf die Konzepte verständlich, an die er sich gegenüber dem Körper als Ganzem, einzelnen Organen und Organfunktionen sowie gegenüber Gesundheit und Krankheit hält. Diese Konzepte haben Einfluss darauf, warum ein Mensch mit dem Herzen reagiert, ein anderer mit dem Magen, den Atmungsorganen, der Haut usw. Sie machen deutlich, warum manche Menschen überhaupt in die

Krankheit fliehen, andere dagegen mit aller Macht körperliche Schwäche und Krankheit verleugnen müssen. Die Fragen nach diesen Konzepten können dem Patienten zur Einsicht in seine Konfliktsituation verhelfen und ihn damit der Psychotherapie zugänglich machen. So konnten wir bei einer Anzahl von Patienten mit Magenbeschwerden, aber auch bei Fettsüchtigen Konzepte beobachten, die sich auf die Nahrungsaufnahme bezogen („Was auf den Tisch kommt, wird gegessen"). Dagegen fanden wir bei Patienten mit koronaren Herzerkrankungen gehäuft Konzepte, die auf Problemsituationen bezüglich der Pünktlichkeit und Zeiteinteilung hinweisen. Rheumatische Patienten zeigten vorwiegend eine typische Höflichkeitsproblematik („Reiß dich zusammen" – „Was sollen die Leute sagen"). Bei Patienten mit psychosomatischen Hauterkrankungen fanden sich auffällig häufig konfliktbesetzte Konzepte bezüglich Sauberkeit und Kontakt.

Körperliche Reaktionen auf Konflikte sind:
    körperliche Aktivitäten (sportliche Betätigung – „sich hängenlassen")
    Schlaf (Konflikte „überschlafen", Schlafstörungen)
    Nahrungsaufnahme (Esssucht, Magersucht, Bulimie)
    Sexualität (Donjuanismus, Nymphomanie, Sexualabwehr)
    körperliche Funktionsstörungen und psychosomatische Reaktionen (Migräne, Magenschmerzen u. a.)

Konzepte, die hinter solchen Konfliktreaktionen liegen, könnten lauten:
    „Man soll den Körper quälen, damit er die Lust am Sterben nicht verliert."
    „Ein gutes Gewissen ist ein sanftes Ruhekissen."
    „Was auf den Tisch kommt, wird gegessen."
    „Alle Männer wollen nur das Eine."
    „Du siehst blass aus, also bist du krank."

Derartige Konzepte können die Beziehung zum Körper und zu körperlichen Krankheiten beeinflussen. Sie sind ein Grund dafür, warum Menschen so unterschiedlich auf körperliche Beschwerden reagieren, hypochondrisch in einer Schmerz- und Krankheitserwartung leben oder körperliche Störungen verdrängen.

Fragen zum körperlichen Bereich

– Welche körperlichen Beschwerden haben Sie, welche Organe sind betroffen?
– Wie beurteilen Sie Ihr Aussehen?
– Empfinden Sie Ihren Körper als Freund oder Feind?
– Ist es für Sie wichtig, dass Ihr Partner gut aussieht?
– Welche der fünf Sinne haben für Sie größere Bedeutung?
– Auf welches Organ schlägt sich bei Ihnen der Ärger?
– Wie reagiert Ihr Partner (Ihre Familie), wenn Sie krank sind?
– Wie verhalten Sie sich, wenn Ihr Partner krank ist?
– Brauchen Sie viel oder wenig Schlaf?
– Welchen Einfluss haben Krankheiten auf Ihr Lebensgefühl?
– Legt man in Ihrer Familie Wert auf gutes Aussehen, sportliche Betätigung und körperliche Gesundheit?
– Wer hat sie gestreichelt, geküsst und war zärtlich zu Ihnen?
– Wurde bei Ihnen zu Hause auf gutes und reichhaltiges Essen großer Wert gelegt; was war das Motto?
– Wie reagierten Ihre Eltern, wenn Sie mit Ihrem eigenen Körper spielten (zum Beispiel Daumenlutschen, Selbstbefriedigung usw.)?
– Wie wurden Sie bestraft (Schläge, Schimpfen, Beängstigung, Schreien, Essensentzug, Liebesentzug, usw.)?
– Mussten Sie trotz Krankheit lange auf den Beinen bleiben?
– Wenn Sie krank waren, mussten Sie sich sofort ins Bett legen? Wer hat Sie gepflegt? – Nennen Sie Beispiele und Situationen!

2. Leistung (Verstand)

Diese Dimension hat in Industriegesellschaften ein besonderes Gewicht. Hierzu gehört die Art und Weise, wie Leistungsnormen ausgeprägt sind und wie sie in das Selbstkonzept eingegliedert werden. Denken und Verstand ermöglichen es, systematisch und gezielt Probleme zu lösen und Leistung zu optimieren. Zwei einander entgegengesetzte Konfliktreaktionen sind möglich: zum einen die Flucht in die Arbeit und zum anderen die Flucht vor Leistungsanforderungen.

Typische Symptome sind Selbstwertprobleme, Überforderung, Stressreaktionen, Versagensängste, Konzentrationsstörungen sowie defizitäre Symptome wie Rentenneurose, Apathie, Leistungshemmungen usw.

Konzepte, die hinter solchen Konfliktreaktionen, stehen, können lauten:

"Kannst du was, dann bist du was."
"Erst die Schule, dann das Spiel."
"Geschäft ist Geschäft und Schnaps ist Schnaps."
"Ohne Fleiß kein Preis."
"Zeit ist Geld."

Fragen zum Bereich der Leistung:

- Welche Tätigkeiten würden Sie gerne ausüben? Sind Sie mit Ihrem Beruf zufrieden?
- Welche Tätigkeiten bereiten Ihnen Schwierigkeiten?
- Ist es für Sie sehr wichtig, in Ihren Leistungen immer gut abzuschneiden?
- Wo liegen Ihre Interessenschwerpunkte? (körperliche, intellektuelle, künstlerische Tätigkeiten, Verwaltungsaufgaben usw.)
- Fällt es Ihnen leicht, die Leistungen Ihres Partners, Ihrer Kinder anzuerkennen? (zum Beispiel: gefällt Ihnen seine Tätigkeit nicht oder die Tatsache, dass er Sie dadurch vernachlässigt?)
- Halten Sie sich (Ihren Partner) für intelligent?
- Wenn Sie einen Menschen beurteilen: Wie wichtig ist für Sie seine Intelligenz und sein soziales Prestige?
- Fällt es Ihnen manchmal schwer, Entscheidungen zu treffen?

- Worin engagieren Sie sich mehr: in Beruf oder Familie?
- Fühlen Sie sich auch wohl, wenn Sie einmal nichts zu tun haben?
- Wer von Ihren Eltern legte mehr Wert auf Leistung?
- Wer von Ihren Angehörigen hat mit Ihnen gespielt?
- Wer hat sich um Ihre Schularbeiten gekümmert?
- Wenn Sie Fehler machten, wie wurden Sie bestraft?
- Haben Ihre Eltern Ihnen gesagt, warum Sie etwas tun sollten?
- Hatten Ihre Eltern Verständnis für Ihre Interessengebiete?
- Welche Erlebnisse sind typisch für Ihre Schulzeit?
- Wie wurden Sie für gute Leistungen belohnt?

3. Kontakt (Tradition)

Dieser Bereich meint die Fähigkeit, Beziehungen aufzunehmen und zu pflegen: die Beziehung zu sich selbst, dem Partner, der Familie; das Verhältnis zu anderen Menschen, Gruppen, sozialen Schichten und fremden Kulturkreisen; die Beziehung zu Tieren, Pflanzen und Dingen. Die sozialen Verhaltensweisen werden durch die individuellen Lernerfahrungen und die Tradition mitgeprägt. Man erwartet von einem Partner zum Beispiel Höflichkeit, Gerechtigkeit, Ordnung, die Beschäftigung mit bestimmten Interessengebieten usw. und sucht sich die Partner aus, die in irgendeiner Weise diesen Kriterien entsprechen.

Wir können auf Konflikte reagieren, indem wir die Beziehungen zu unserer Umgebung problematisieren: So gibt es die Flucht in die Gruppe, um dort Probleme zu bewältigen. Man versucht durch Gespräche mit anderen, Sympathie zu erwecken und Solidarität zu erzielen. Im Extremfall kann dies zu sozialer Hyperaktivität und emotionaler Abhängigkeit von der Gruppe führen. Die entgegengesetzte Reaktion ist der Rückzug. Man distanziert sich von Menschen, fühlt sich gehemmt, meidet Geselligkeiten und jede Möglichkeit, mit anderen Menschen zusammenzukommen. Die Symptome sind Hemmungen, unbewusste Anklammerungsbedürfnisse, Kontaktängste usw.

Konzepte, die hinter solchen Konfliktreaktionen stehen, können lauten:

„Wozu brauche ich die anderen?"

„Allein ist man schwach, gemeinsam ist man stark."

„Gäste sind Gnade Gottes."

„Verlassen kannst du dich auf dich selbst, nie auf die anderen."

„Ein Mensch ohne Freunde ist ein halber Mensch."

Fragen zum Bereich des Kontakts

- Wer von Ihnen ist kontaktfreudiger?
- Wer von Ihnen möchte lieber Gäste im Haus haben?
- Was könnte Sie eher davon abhalten, Gäste einzuladen: dass man zu wenig Zeit hat; dass Gäste Geld kosten; dass Gäste Unordnung machen; dass man auf manche Gäste warten muss; dass man meint, Gästen nicht genügend bieten zu können; usw.?
- Wie fühlen Sie sich, wenn Sie in einer Gesellschaft unter vielen Menschen sind?
- Bei welchen Menschen fällt es Ihnen schwer, Kontakt aufzunehmen?
- Was fällt Ihnen leichter, Kontakte aufzunehmen oder aufrechtzuerhalten?
- Fällt es Ihnen schwer, liebgewonnene Gewohnheiten aufzugeben?
- Welche Bedeutung hat für Sie die Tradition?
- Halten Sie an familiären (religiösen, politischen) Traditionen fest?
- Nehmen Sie besondere Rücksicht darauf, was die anderen Leute sagen?
- Wer von Ihren Eltern war kontaktfreudiger?
- Hatten Sie als Kind viele Freunde oder waren Sie eher isoliert?

- Wenn Ihre Eltern Gäste hatten, durften Sie dabei sein und mitsprechen?
- An wen konnten Sie sich wenden, wenn Sie Probleme hatten?
- Halten Sie den Kontakt zu Verwandten für wichtig?
- Hatten Sie viele Spielkameraden oder spielten Sie eher allein?
- Legten Ihre Eltern viel Wert auf gutes Benehmen und Höflichkeit?
- Welche Erlebnisse verbinden Sie mit diesen Fragen?

4. Phantasie (Intuition)

Ein weiteres Mittel der Erkenntnis ist, was man in der poetischen Sprache als Stimme des Herzens oder Eingebung, in der Sprache der Religion als Inspiration, in der Sprache der Psychologie als Intuition oder intuitives Urteil bezeichnen kann. Die Intuition scheint in einem Zusammenhang mit den psychischen Prozessen des Traumes oder der Phantasie zu stehen, die gleichfalls eine Form der Problem- und Konfliktverarbeitung darstellen können. Man kann auf Konflikte reagieren, indem man die Phantasie aktiviert: indem man Konfliktlösungen phantasiert, sich in Gedanken einen gewünschten Erfolg vorstellt oder Menschen, auf die man Wut hat, in der Vorstellung bestraft oder gar tötet.

Phantasie und Intuition können Bedürfnisse anregen und sogar befriedigen. Als „Privatwelt" schirmt die Phantasie gegen verletzende und kränkende Einbrüche aus der Wirklichkeit ab und schafft eine vorläufig angenehme Sphäre. Sie kann eine „böse Tat" und eine schmerzliche Trennung von einem Partner ungeschehen erscheinen lassen. Sie kann aber auch beängstigen, übermächtig werden und als Projektion der eigenen Ängste die Wirklichkeit unerträglich machen. Phantasie vermischt sich so mit der Wahrnehmung und führt zu Symptomen, wie sie in der Schizophrenie als Wahnvorstellungen anzutreffen sind. Um die beängstigende, dynamische

Kraft der Phantasie zu bändigen, legen sich manche Menschen ein zwanghaftes Verhalten gleichsam als Korsett zu, das ihnen hilft, bedrohliche Phantasien im Zaum zu halten und sich vor unkontrollierten Gefühlsausbrüchen zu schützen.

Intuition und Phantasie reichen über die unmittelbare Wirklichkeit hinaus und können all das beinhalten, was wir als Sinn einer Tätigkeit, Sinn des Lebens, Wunsch, Zukunftsmalerei oder Utopie bezeichnen. Auf die Fähigkeiten der Intuition bzw. Phantasie und die sich aus ihr entwickelnden Bedürfnisse gehen Weltanschauungen und Religionen ein, die damit die Beziehung auch zu einer ferneren Zukunft vermitteln.

Zum Unbekannten hingezogen zu sein, ist das Wesen der Phantasie. Die Fähigkeit der Phantasie bringt es mit sich, dass man ein Risiko trägt, den Schritt hinaus ins Unbekannte wagt, die Last des Zweifels auf die Schulter nimmt und doch immer in der Hoffnung lebt, irgendwo eine neue Fähigkeit oder eine Grenze zu entdecken. Gäbe es keine Neugier der Phantasie, gäbe es keinen Zweifel und keine Angst; ohne Zweifel und Angst jedoch gäbe es keine Entwicklung und keinen Fortschritt, aber auch keine Selbstfindung des Menschen. Die Sehnsucht des Menschen nach einem Unbekannten – wir formulieren es absichtlich so vage, weil das Unbekannte für jeden Menschen und in jeder Situation eine eigene Gestalt gewinnen kann – hat dazu geführt, dass er die ganze Weltgeschichte hindurch auf die Stifter der Religionen angesprochen hat.

Das imaginäre Experimentieren, die handlungsbegleitenden Phantasien und Entlastungsphantasien haben in Märchen, Erzählungen und Geschichten eine traditionsgebundene Gestalt gewonnen. Im Märchen treffen sich überlieferte Phantasien mit den Phantasieinhalten des einzelnen Menschen. Ähnliche Überschneidungen finden sich bei künstlerischen, kreativen und produktiven Aktivitäten. Die Lernerfahrungen in den übrigen Bereichen der Konfliktverarbeitung filtern die Gestaltungsmöglichkeiten der Phantasie. Ein Beispiel dafür ist die Einschränkung der spielerischen Phantasie bei leistungsbezogenen Vertretern der modernen Industrie-gesellschaft.

Die Fähigkeit der Phantasie entwickelt sich schon früh, zu einer Zeit, in der das Kind noch nicht zwischen Wirklich-keit und Vorstellung unterscheiden und klare Kausalbezie-hungen herstellen kann. Sie entfaltet sich im Spiel. Der Ver-lauf dieser Entwicklung wird davon beeinflusst, in welcher Weise familiäre Konzepte die Bereitschaft beinhalten, auf die Phantasie und ihre Inhalte einzugehen.

Konzepte, die hinter solchen Konfliktreaktionen stehen, kön-nen lauten:

„Alles nur Hirngespinste."

„Was interessiert mich die Wirklichkeit, wenn ich glück-lich bin!"

„Gott sei Dank, dass mit dem Tod nicht alles vorbei ist."

„Wer wagt, gewinnt."

„Wunschlos unglücklich."

„Kommt Zeit, kommt Rat."

Fragen zum Bereich der Phantasie

– Wer von Ihnen legt mehr Wert auf Phantasie?
– Haben Sie oft gute Einfälle?
– Ist Ihnen zuweilen die Phantasie lieber als die Wirklichkeit?
– Womit beschäftigen Sie sich in Ihren Phantasien: mit dem Körper (Sexualität, Schlaf, Sport), dem Beruf (Erfolge, Miss-erfolge), dem Kontakt mit anderen Menschen, der Zukunft (Wunschvorstellungen, Utopien, Weltanschauung, Religion).
– Hängen Sie gern der Vergangenheit nach?
– Denken Sie manchmal daran, wie das Leben mit einem an-deren Partner wäre, einen anderen Beruf zu haben usw.?
– Welche Eigenschaften Ihres Partners haben in Ihren Phan-tasien die größte Bedeutung?
– Befassen Sie sich gern mit der Zukunft?
– Haben Sie schon einmal mit dem Gedanken gespielt, Suizid zu begehen?

- Wenn Sie eine Woche mit jemanden den Platz tauschen könnten, mit wem würden Sie tauschen? Warum?
- Wenn Sie einen Tag lang unsichtbar wären, wie würden Sie diese Zeit nutzen?
- Welchen Menschen würden Sie zu Ihrem Vorbild wählen?
- Können Sie sich noch an Phantasien erinnern, die sie in Ihrer Kindheit hatten?
- Wer von Ihren Angehörigen hatte mehr Verständnis für Phantasien und Träumereien?
- Mit wem können (konnten) Sie am besten Ihre Träume ausspinnen?
- Welche Beziehung haben Sie zur Kunst (Malerei, Musik, Literatur)? Malen Sie selber? Was drücken Ihre Bilder aus?
- Wie stellen Sie sich das Leben nach dem Tod vor?
- Welche Situationen fallen Ihnen zu den gestellten Fragen ein?

Die Bedeutung des Unbewussten

Ein Dachgarten und zwei Welten

Auf dem Dachgarten eines Hauses schliefen in einer Sommernacht die Mitglieder einer Familie. Die Mutter sah voll Missgunst, dass ihre nur widerwillig geduldete Schwiegertochter und ihr Sohn eng aneinander geschmiegt schliefen. Da sie diesen Anblick nicht ertragen konnte, weckte sie die beiden Schläfer und rief: „Wie kann man nur bei dieser Hitze so eng zusammen schlafen. Das ist ungesund und schädlich." In der anderen Ecke des Dachgartens schliefen ihre Tochter und der verehrte Schwiegersohn. Beide lagen voneinander getrennt, mindestens einen Schritt voneinander. Fürsorglich weckte die Mutter die beiden und flüsterte: „Ihr Lieben, wie könnt ihr nur bei dieser Kälte so weit voneinander liegen, statt euch gegenseitig zu wärmen!" Dies hörte die Schwiegertochter. Sie richtete sich auf und sprach mit lauter Stimme wie ein Gebet folgende Worte: „Wie allmächtig ist Gott. Ein Dachgarten und ein so unterschiedliches Klima."

Nur ein Teil der Motive menschlichen Verhaltens gelangt zum Bewusstsein und wird von ihm kontrolliert. Auf dieser Erkenntnis basiert die Psychoanalyse von S. Freud. Er formulierte eine Theorie des Unbewussten. Besondere Bedeutung innerhalb dieser Theorie kommt dem Sexualleben zu.

In der Positiven Familientherapie ersetzen die beiden Grundfähigkeiten der Erkenntnis- und Liebesfähigkeit die Libido der Freudschen Theorie. Die Libido ist gewissermaßen als energetischer Anteil in den Grundfähigkeiten angelegt. Daneben besitzt das Unbewusste in der Positiven Familientherapie folgende zwei Funktionen:

Einmal ist es der Ort der noch nicht entwickelten, undifferenzierten Fähigkeiten und der menschlichen Energie. Im Unbewussten ruht somit alles, was im Menschen angelegt, aber noch nicht entfaltet ist, weil die Reifungsbedingungen noch nicht gekommen sind. Die Fähigkeiten sind Energiepotenziale, die nach Verwirklichung streben.

Zum anderen ist das Unterbewusste der Ort verdrängter und unterdrückter Aktualfähigkeiten. Die einzelnen Fähigkeiten, die bei einem Menschen im Vordergrund stehen, sind bereits durch die Umwelt geprägt: sie sind entweder abgelehnt worden oder es gab keine hinreichenden Bedingungen für ihre Entwicklung oder andere Aktualfähigkeiten wurden so sehr betont, dass für weitere kein Platz zu bestehen schien.

Vor dem Hintergrund der Doppelfunktion des Unterbewussten wird verständlich, warum nicht nur Erlebtes zu Störungen und Konflikten führt, sondern auch Nicht-Erlebtes.

Von seinem Wesen her ist das Unbewusste einer direkten Befragung unzugänglich. In der therapeutischen Situation ist weniger das Unbewusste zugänglich als vielmehr die Inhalte, die noch bewusstseinsfähig sind und deshalb als vorbewusst bezeichnet werden.

Aus den vorliegenden Informationen lassen sich die psychodynamisch wirksamen Zusammenhänge zu erschließen. Die – aus der Lebensgeschichte abgeleiteten – Konzepte halten einzelne psychische Inhalte dem Bewusstsein fern und entziehen sie seiner Verfügung. Im Hinblick auf die vier Bereiche der Konfliktverarbeitung lässt sich dieses Geschehen als mangelnde Differenzierung oder als Einseitigkeit beschreiben. Wenn beispielsweise der Bereich Leistung im Mittelpunkt steht, kann dies bedeuten, dass die Beziehungen zum eigenen Körper und zu anderen Menschen (Kontakt) unterdrückt sind. Selbst die Phantasie ordnet sich dieser Einseitigkeit unter. Die einzelnen Wunschträume und Phantasien beschränken sich ebenfalls auf Leistungen. Ähnliche Mechanismen lassen sich auch hinsichtlich der Liebesfähigkeit und – wie wir später sehen werden – hinsichtlich der Aktualfähigkeiten beobachten. Der Mensch verfügt zwar potenziell über alle Möglichkeiten der Konfliktreaktionen, seine Konzepte erlauben ihm jedoch nur, zu einzelnen dieser Möglichkeiten Beziehung aufzunehmen und blockieren den Zugang zu den anderen Formen der Konfliktverarbeitung. Die therapeutische Arbeit besteht zu einem wesentlichen Teil darin, diese Konzepte bewusst und verfügbar zu machen – ihre psychodynamischen Hintergründe aufzudecken und den Zugang zu den bisher undifferenzierten Fähigkeiten zu erleichtern.

Die Arbeit mit dem Instrumentarium der Positiven Familientherapie ist in diesem Sinne ein Weg, das Vorbewusste und das Unbewusste zu erschließen.

Einseitigkeiten und Balance

Dieses „Vierergespann" ähnelt einer Waage, die immer ein Verhältnis von je etwa 25 Prozent haben muss, um ausgewogen zu sein und ein seelisches Gleichgewicht zu garantieren. Ausschlaggebend für ein ausgewogenes Seelenleben ist die Fähigkeit, positiv und kreativ zu denken. Eine Eigenschaft, die vielen Menschen nahezu abhanden gekommen, aber durchaus wieder erlernbar ist.

Die Einseitigkeiten lassen sich in vier Fluchtreaktionen abbilden:

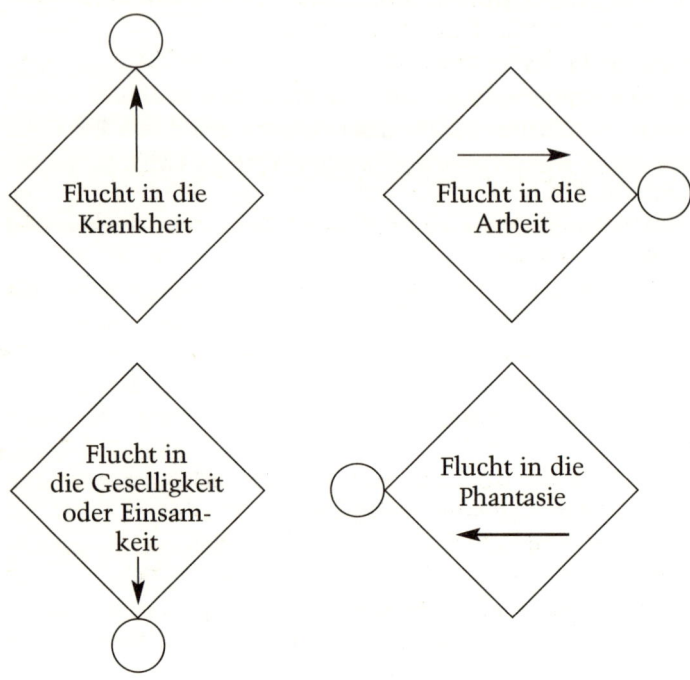

Die vier Vorbilddimensionen

Die vier Bereiche der Konfliktverarbeitung korrespondieren mit der Erkenntnisfähigkeit, d. h. mit den Medien, mit deren Hilfe wir uns mit der Realität in Beziehung setzen. Eine weitere wesentliche Dimension menschlichen Lebens wird durch die Liebesfähigkeit umschrieben, die sich auch durch Beziehungen zur Umwelt entwickelt. Aus diesem Grunde fragen wir nach den Beziehungsqualitäten, die einen Zugang zu den Gestaltungsmöglichkeiten der Emotionalität öffnen.

Zum Verständnis einer Konfliktsituation ist das Verständnis ihres Hindergrundes und der daran beteiligten Konzepte notwendig. Die Entwicklung der Persönlichkeit wird entscheidend von den primären Beziehungen eines Menschen geprägt. Als günstig hat sich erwiesen, den Hintergrund der Bevorzugung bestimmter sozialer Beziehungen und der Ablehnung anderer Bezüge mit Hilfe der Vorbilddimensionen zu umschreiben:

Fragen nach Vorbildern und sozialen Mustern

– Zu wem hatten Sie als Kind eine stärkere Beziehung (Vater, Mutter, Großeltern)?
– Wer von ihren Eltern (Bezugspersonen) hatte mehr Zeit für Sie?
– Wer von ihren Eltern war geduldiger bzw. wer hat sich leichter aufgeregt?
– Wer war Ihr Vorbild?
– Haben Sie das Gefühl, als Kind gerecht behandelt worden zu sein (wurden zum Beispiel Geschwister bevorzugt)?
– Wie beurteilen Sie heute die Ehe Ihrer Eltern?
– Wer von Ihren Eltern war kontaktfreudiger?
– Wer von Ihren Eltern beschäftigte sich mehr mit religiösen und weltanschaulichen Fragen?

Der Mensch leidet nicht nur unter seinen Problemen,
sondern auch unter seinen einseitig entwickelten Fähigkeiten.
(NOSSRAT PESESCHKIAN)

Wir sind nicht nur für das verantwortlich, was wir tun,
sondern auch für das, was wir nicht tun.
(VOLTAIRE)

Die Interaktionsstadien in der Familientherapie und Partnerschaft

Einen Menschen muss man dort aufsuchen, wo er ist,
und nicht dort, wo man ihn schon haben möchte.

Die Familie ist die Quelle des Segens und Unsegens der Völker
Ein Mann wurde für schuldig befunden und die Gesandten des Königs kamen, um ihn abzuholen. Seine zwei Söhne spielten zusammen Schach, als die Wächter in das Haus eintraten. Die beiden Söhne, die ins Spiel vertieft waren, zeigten keine Reaktion, als der Vater sagte: „Ich bin verloren, und mein Kopf wird dem Messer ausgeliefert. Für mich gibt es keine Rettung. Doch bitte, lasst meine Söhne in Ruhe und lasst sie durch eure Barmherzigkeit gehen." Da antworteten die Söhne: „Vater, hast du jemals gesehen, dass die Vogeleier ganz bleiben, wenn das Nest umstürzt?"

Die Interaktionsstadien spielen nicht nur in Partner- und Familienbeziehungen eine Rolle, sondern auch in der Therapeut-Patientenfamilien-Beziehung. Im Stadium der Verbundenheit ist der Therapeut Gastgeber der Patientenfamilie. Er nimmt sie an, wie sie ist. Dabei hilft ihm die Vorstellung, dass sowohl die Familienmitglieder als auch er selbst über eine Anzahl gemeinsamer Fähigkeiten verfügen. Er identifiziert sich mit der Familie und ihren Mitgliedern, ohne allerdings in den Strudel der Konflikte hineinzugeraten. Damit lernt er verstehen, warum die Familie bei dem Symptom Zuflucht nehmen musste und welche Bedeutung es für die Beteiligten hat. Mit Hilfe des Instrumentariums der Positiven Familientherapie strukturiert der Therapeut die Informationen, die ihm die Familie gibt.

Die Verbundenheit bezieht sich auf ein Konfliktthema, dass durch das Instrumentarium der Positiven Familientherapie erfasst wird. Dieses Thema wird für einen bestimmten

Zeitraum zum Bereich gegenseitiger Identifikation und des Versuchs der Familienmitglieder, Beziehung zur eigenen Vergangenheit in der Familie wieder aufzunehmen (Regression). Einzelne Problemgruppen, wie psychosomatisch erkrankte, depressive und schizophrene Patienten, machen in der therapeutischen Situation durch ihr verbales und nonverbales Verhalten Angebote, die der Therapeut nutzen kann. Dies gilt vor allem für die familientherapeutische Situation, in der die ganze Familie anwesend ist und Einblick in ihre Beziehungen gibt. Dies gilt aber auch für die direkte Therapeut-Patient-Beziehung.

So kritisierte ein 25-jähriger Patient, der als Schizophrener deklariert war, gleich zu Beginn der ersten Sitzung, dass im Behandlungszimmer das Licht brenne und schimpfte mich deswegen aus. Dies war der Beginn des Prozesses unserer gegenseitigen Verbundenheit. Sie bezog sich inhaltlich zunächst auf die Sparsamkeit, über die wir uns im Anschluss daran „bei einem guten affektiven Rapport" – wie die Psychiater sagen würden – unterhalten konnten.

Auf der Stufe der Differenzierung gibt der Therapeut diese Erkenntnisse als Informationen, Deutungen und Verschreibungen an die Familie weiter. Durch seine „Übersetzungen" und Gegenkonzepte werden Gemeinsamkeiten herausgearbeitet und klare Grenzen zwischen den Interessen der Familienmitglieder bzw. den familiären Subsystemen gezogen. Die Familienmitglieder können sich mit den ihnen angebotenen Konzepten versuchsweise identifizieren und die Spielregeln ausprobieren, die ihnen geeignete Lösungsmöglichkeiten und Alternativen für die Symptome bieten.

Im Stadium der Ablösung wird der Therapeut immer mehr zum Beobachter der ablaufenden Prozesse und greift nur dann regulierend ein, wenn es notwendig erscheint. Während im Stadium der Differenzierung der Therapeut derjenige war, von dem Initiativen, Alternativvorschläge, Informationen und Strukturierungshilfen ausgingen, geht diese Aktivität nunmehr auf den Patienten und seine Familie über. Sie übernimmt zunehmend Aufgaben der Selbsthilfe.

Transkulturelle Gesichtspunkte

In jeder zwischenmenschlichen Beziehung sind diese drei Interaktionsstadien zu beobachten. Bestimmte Muster sind als kulturelle Charakteristika anzusehen. Ein Beispiel dafür ist die orientalische Verbundenheit, die so tief verwurzelt ist, dass Eltern ihre Kinder mehrere tausend Kilometer weg zum Studieren schicken und gleichzeitig genau wissen, dass ihre Kinder trotz der Entfernung von ihnen und dem Familienverband abhängig bleiben. Es besteht, ungeachtet der Entfernung, eine Art sozialer Nabelschnur. Geschenke, persönliche Aufmerksamkeiten aus der Heimat, finanzielle Hilfen, Besuche, ein ständiger Briefwechsel und häufiger Telefonkontakt erhalten die familiäre Verbundenheit aufrecht. Eine gegenläufige Entwicklung lässt sich in der westlichen Industriegesellschaft feststellen. In ihr gelten Selbstständigkeit und Autonomie als wünschenswert. Es besteht ein Trend zur Ablösung. Verbundenheit gilt als Zeichen für Unselbstständigkeit, Naivität, Unfähigkeit, auf eigenen Füßen zu stehen, für sich selbst zu sorgen und scheinbar notwendige Trennungen zu ertragen. Etwa bis zur Pubertät wird auch hier die Verbundenheit betont. Oft folgt ihr eine abrupte Ablösung: „Du bist alt genug, du musst jetzt wissen, was du tust." Häufiger als von den Eltern wird die Ablösung von den Jugendlichen selber initiiert: „Ich bin alt genug und kann auf meinen eigenen Füßen stehen." Eine zu große Nähe zur Ursprungsfamilie wird als Bedrohung der Selbstständigkeit erfahren.

Wer sich eine Aufgabe gibt – gibt sich nicht auf.
(GERHARD UHLENBRUCK)

Du kannst dein Leben nicht verlängern, nur vertiefen.

Ein Mensch bleibt weise, solange er die Weisheit sucht.
Sobald er meint, sie gefunden zu haben, ist er ein Narr.
(TALMUD)

V.

Eine letzte Perspektive gewinnen

Umgang mit Angst und Depression,
Trauer und Tod

*Die merkwürdige Fähigkeit, die Gefahr des Lebens
durch ein Vergrößerungsglas zu sehen.*

Die Geschichte von der Traurigkeit

*Es war eine kleine Frau, die den staubigen Feldweg entlangkam.
Sie war wohl schon recht alt, doch ihr Gang war leicht, und ihr
Lächeln hatte den frischen Glanz eines unbekümmerten Mäd-
chens. Bei der zusammengekauerten Gestalt blieb sie stehen und
sah hinunter. Sie konnte nicht viel erkennen. Das Wesen, das
da im Staub des Weges saß, schien fast körperlos. Es erinnerte
an eine graue Flanelldecke mit menschlichen Konturen.*

*Die kleine Frau bückte sich ein wenig und fragte: „Wer bist
du?"*

*Zwei fast leblose Augen blickten müde auf: „Ich? Ich bin
die Traurigkeit", flüsterte die Stimme stockend und so leise,
dass sie kaum zu hören war.*

*„Ach, die Traurigkeit!", rief die kleine Frau erfreut aus, als
würde sie eine alte Bekannte begrüßen.*

„Du kennst mich?", frage die Traurigkeit misstrauisch.

*„Natürlich kenne ich dich! Immer wieder einmal hast du
mich ein Stück des Weges begleitet."*

*„Ja, aber...", argwöhnte die Traurigkeit, „warum flüchtest du
dann nicht vor mir? Hast du denn keine Angst?"*

*„Warum sollte ich vor dir davonlaufen, meine Liebe? Du
weißt doch selbst nur zu gut, dass du jeden Flüchtigen ein-
holst. Aber, was ich dich fragen will: Warum siehst du so mutlos aus?"*

*„Ich . . . ich bin traurig", antwortete die graue Gestalt mit
brüchiger Stimme.*

*Die kleine, alte Frau setzte sich zu ihr. „Traurig bist du
also", sagte sie und nickte verständnisvoll mit dem Kopf. „Er-
zähl mir doch, was dich so bedrückt."*

Die Traurigkeit seufzte tief. Sollte ihr diesmal wirklich jemand zuhören wollen? Wie oft hatte sie sich das schon gewünscht.

„Ach, weißt du", begann sie zögernd und äußerst verwundert, „es ist so, dass mich einfach niemand mag. Es ist nun mal meine Bestimmung, unter die Menschen zu gehen und für eine gewisse Zeit bei ihnen zu verweilen. Aber wenn ich zu Ihnen komme, schrecken sie zurück. Sie fürchten sich vor mir und meiden mich wie die Pest." Die Traurigkeit schluckte schwer. „Sie haben Sätze erfunden, mit denen sie mich bannen wollen. Sie sagen: Papperlapapp, das Leben ist heiter. Und ihr falsches Lachen führte zu Magenkrämpfen und Atemnot. Sie sagen: Gelobt sei, was hart macht. Und dann bekommen sie Herzschmerzen. Sie sagen: Man muss sich nur zusammenreißen. Und sie spüren das Reißen in den Schultern und im Rücken. Sie sagen: Nur Schwächlinge weinen. Und die aufgestauten Tränen sprengen fast ihre Köpfe. Oder aber sie betäuben sich mit Alkohol und Drogen, damit sie mich nicht fühlen müssen."

„Oh ja", bestätigte die alte Frau, „solche Menschen sind mir oft begegnet."

Die Traurigkeit sank noch ein wenig mehr in sich zusammen. „Und dabei will ich den Menschen doch nur helfen. Wenn ich ganz nah bei ihnen bin, können sie sich selbst begegnen. Ich helfe ihnen, ein Nest zu bauen, um ihre Wunden zu pflegen. Wer traurig ist, hat eine besonders dünne Haut. Manches Leid bricht wieder auf wie eine schlecht verheilte Wunde, und das tut sehr weh. Aber nur wer die Trauer zulässt und all die ungeweinten Tränen weint, kann seine Wunden wirklich heilen. Doch die Menschen wollen gar nicht, dass ich Ihnen dabei helfe. Stattdessen schminken sie sich ein grelles Lachen über ihre Narben. Oder sie legen sich einen dicken Panzer aus Bitterkeit zu." Die Traurigkeit schwieg. Ihr Weinen war erst schwach, dann stärker und schließlich ganz verzweifelt.

Die kleine, alte Frau nahm die zusammengesunkene Gestalt tröstend in ihre Arme. Wie weich und sanft sie sich an-

fühlt, dachte sie und streichelte zärtlich das zitternde Bündel. „Weine nur, Traurigkeit", flüsterte sie liebevoll, „ruh dich aus, damit du wieder Kraft sammeln kannst. Du sollst von nun an nicht mehr alleine wandern. Ich werde dich begleiten, damit die Mutlosigkeit nicht noch mehr an Macht gewinnt."

Die Traurigkeit hörte auf zu weinen. Sie richtete sich auf und betrachtete erstaunt ihre neue Gefährtin: „Aber ... aber – wer bist eigentlich du?"

„Ich?", sagte die kleine, alte Frau schmunzelnd, und dann lächelte sie wieder so unbekümmert wie ein kleines Mädchen. „Ich bin die Hoffnung."

Nahezu jeder von uns hat schon am eigenen Leib ein Gefühl von Niedergeschlagenheit, abgrundtiefer Traurigkeit, Hoffnungslosigkeit oder Sinnlosigkeit erfahren. Aber genauso wie das Leben Angst und Depressionen verursachen kann, so bezeugt die Angst das Leben.

Für all das, was uns Angst macht, haben wir einen reichen Wortschatz: von der Angst selbst über Bangen, Grauen, Gruseln, Panik, Pochen, Schuldbewusstsein, Sorge, Unsicherheit, Verlorensein und Verzweiflung bis zum Zagen und Zittern.

Und für die Depression finden wir folgende Bilder: in Sack und Asche gehen; Ritter von der traurigen Gestalt; alle Trauer der Erde ist Einsamkeit; Trauernde sind sich überall verwandt; die Welt ist zum Verzweifeln traurig.

Phobien

Wenn jemand sich eines bedrohlichen Objekts oder einer bedrohlichen Situation bewusst ist, sollte man lieber von Furcht als von Angst sprechen.

Immer mehr Menschen leiden unter immer mehr Phobien – jenen Angstzuständen, die fest mit Lebewesen oder Gegenständen, Orten oder Zeiten verbunden sind. Realisten oder Versponnene, Empfindsame oder Robuste haben Angst vor überfüllten Räumen (Klaustorphobie), vor dem Überqueren eines freien Platzes (Agoraphobie) oder ihrem Gesundheitszustand (Hypochondrie), sie fürchten sich vor Krebs (Carcinophobie), vor Berührungen (Keratinophobie), ihnen graust vor Schmerz (Algophobie), vor lebendigem Begrabenwerden (Taphophobie) oder Giftnattern (Schlangenphobie).

Depressionen

Als reaktive Depression oder depressive Reaktion bezeichnet man Beschwerden, die mit äußeren Auslösern, Verlusten, Kränkungen oder belastenden Lebensumständen verbunden sind (zum Beispiel Tod von Angehörigen, berufliche Schwierigkeiten, Kriegselend, nationale Katastrophen).

Unter depressiver Entwicklung versteht man die Folge einer ganzen Reihe von Schicksalsschlägen und Mikrotraumen, die alle zusammengenommen wirken (ungewöhnliche und fortwährende Härte des Lebensschicksals zum Beispiel einer Muss-Ehe der Eltern, eines alkoholsüchtigen Vaters, einer verbitterten und gefühlsarmen Mutter, einer lieblosen Atmosphäre zu Hause, des Versagens in der Schule, vereitelter Berufspläne, Verlust guter Freunde). Auch jahrelang andauernde Probleme mit dem Partner hinsichtlich Ordnung, Pünktlichkeit, Gerechtigkeit, Sparsamkeit usw. können zu Ängsten, Aggressionen und Depressionen führen.

Wenn jemand bewusst oder unbewusst immer wiederkehrende Konflikte selbst provoziert, ohne dass eine bessere Einsicht aus der Erfahrung ihn davor bewahrt (Wahl verheirateter Partner, Berufswahl und Mitarbeiterwahl, ewige Suche usw.), so liegt eine neurotische Depression vor. Weiß man beispielsweise, dass der Partner besonderen Wert auf Ordnung, Pünktlichkeit, Sparsamkeit usw. legt und provoziert man ihn dennoch laufend mit entgegengesetzten Verhaltensweisen, so bringt man durch die ständige Herausforderung nicht nur den Partner, sondern auch sich selbst in eine neue Konfliktsituation nach dem Motto „Wer andern eine Grube gräbt, fällt selbst hinein!"

Bei der verkappten Depression ist der Betroffene kaum in der Lage, depressive Affekte oder Denkinhalte zu äußern. Die Beschwerden konzentrierten sich auf ein gestörtes Körpererleben, zum Beispiel Herz-, Kopf-, Schulter-, Arm- und Rückenbeschwerden, Verdauungsprobleme, Appetit- und Schlafstörungen, gynäkologische Beschwerden und Störungen im sexuellen Bereich.

Hinter diesen Beschwerden verbergen sich meistens berufliche, partnerschaftliche und Zukunftsprobleme, die sich oft über lange Zeiträume summieren und mikrotraumatisch wirken.

Die symptomatische Depression basiert auf körperlichen Krankheiten (Infektanfälligkeit, Diabetes mellitus, Schilddrüsenerkrankungen, Blutdruckschwankungen, rheumatischen Beschwerden, Allergien, Sucht usw.) und auf der Art und Weise, in welcher der Betreffende gelernt hat, mit Krankheiten umzugehen.

Erfahrungsgemäß entwickeln Menschen aus westlichen Industriegesellschaften depressive Verstimmungen, weil ihnen der Kontakt fehlt, weil sie isoliert sind und unter dem Mangel an emotionaler Wärme leiden. Im Orient leiden hingegen die Menschen unter Depressionen, weil sie sich durch die Enge ihrer sozialen Verpflichtungen und Verflechtungen, denen sie nicht ausweichen können, überfordert fühlen.

Auffinden der Motive

Gesund ist nicht derjenige, der nie Ängste und Depressionen hat, sondern derjenige, der in der Lage ist, mit ihnen angemessen umzugehen.

Meist findet sich ein Anlass für eine depressive Verstimmung. Man traut sich selbst deshalb wenig zu, weil man nicht die Leistungen erbracht hat, die man selbst oder andere von einem erwarteten. Man hat einen Partner verloren, sieht durch Misserfolge und Krankheit die eigene Zukunft bedroht oder fühlt sich isoliert und von dem sozialen und bisher vertrauten Umgang abgesondert. Da man sich mit den eigenen Wünschen von der Umgebung zurückgezogen hat und sie nur in äußerst verdeckter Form äußert, ist man nicht nur ängstlich und depressiv, sondern ratlos, hilflos und hoffnungslos.

Bei vielen Betroffenen hat es den Anschein, als habe sich die Depression von ihrem Auslöser entfernt oder als habe es nie einen solchen Auslöser gegeben. Aber meistens liegen auch hier als psychischer Hintergrund der Erkrankung über Jahre hinweg erduldete Kränkungen vor, die als Mikrotraumen die spätere Depression vorbereiten.

Entsprechend den vier Formen der Konfliktverarbeitung unterscheidet man vier Grundformen von Ängsten und Depressionen, die in vier Fluchtmechanismen (in die Krankheit, in die Arbeit, in die Einsamkeit und in die Phantasie) einmünden können: existenzielle Ängste und Depressionen; soziale Ängste und Depressionen; Versagensängste und Stress; vitale Ängste und Risikofaktoren. Daraus ergibt sich als Selbsthilfeansatz eine Selbsthilfe der kleinen Schritte für den Betroffenen und seine Umgebung.

Für den Betroffenen bedeutet dies: eine realere Beziehung zum Ich, mehr Selbstständigkeit und Offenheit gegenüber dem Partner finden, Erweiterung des sozialen Kontaktes, Entwicklung neuer Interessen und Mut zur Verwirklichung der eigenen Phantasie: „Was würden Sie machen, wenn Sie gesund wären und keine Depressionen mehr hätten?"

Für die Bezugspersonen bedeutet dies: Die therapeutische Entlastung des Depressiven von seinen Pflichten ist ein wichtiger Bestandteil in der akuten Phase der Depression. Es ist aber auch wichtig, dass der Depressive zum richtigen Zeitpunkt wieder in kleinen Schritten lernt, die täglichen Anforderungen auf sich zu nehmen.

Selbstverständlich benötigt gerade der Depressive das Einfühlungsvermögen und das Verständnis seiner Umwelt. Wenn diese aber so weit geht, sich das depressive Konzept zu eigen zu machen, kann der Kranke von ihr keine Hilfe mehr erwarten. Sich in den anderen einfühlen, bedeutet nicht, das Konzept des anderen bedingungslos zu übernehmen.

Im akuten Stadium schwerer Ängste und Depressionen, in dem der Betroffene fast körperlich unter dieser Krankheit leidet, können Medikamente eine wertvolle Hilfe bieten. Da die Situation des Depressiven sehr differenziert zu sehen ist, muss auch die Versorgung mit Medikamenten gekoppelt werden.

Der Depressive hat nicht nur seine lustbesetzten Beziehungen zu seiner Umgebung abgebrochen, er versucht darüber hinaus, diese Haltung zu verteidigen und versteht dementsprechend nahezu alles, was um ihn herum geschieht, als Bestätigung der Sinnlosigkeit, der ausweglosen Ungerechtigkeit und der Hoffnungslosigkeit.

In dieses Konzept verrennt sich der Depressive immer mehr und entwickelt ein erstaunliches Geschick im Uminterpretieren der Wirklichkeit. Wenn man sich ausschließlich mit seiner Auslegung beschäftigt, würde man nur seine melancholischen Ansichten verfestigen und bestätigen.

Dem Depressiven sollte man Gegenkonzepte anbieten. Dem pessimistischen „Das Glas ist halbleer" wird das positive Konzept „Das Glas ist noch halb voll" entgegengesetzt. Damit bietet die Bezugsperson dem anderen ihre Sicht der Dinge als Alternative an. Im Gegensatz zu den üblichen Ratschlägen beinhalten solche Erweiterungskonzepte keine Verpflichtung. Sie verzichten auf Druck und lassen dem Betroffenen Zeit, sich auf die erweiterte Sichtweise einzustellen.

Entsprechend den vier Formen der Konfliktverarbeitung lassen sich vier Grundformen von Ängsten und Depressionen unterscheiden, die in vier Fluchtmechanismen (in die Krankheit, in die Arbeit, in die Einsamkeit und in die Phantasie) einmünden können.

Existenzielle Ängste und Hoffnungslosigkeit

Wir alle lernen unterschiedlich, mit Problemen und Konflikten umzugehen. Es kommt darauf an, wie wir ein Problem sehen, deuten und bewerten. Dies hängt von Konzepten, Weltanschauungen, Lebensphilosophien, Ethik, Moral und im weitesten Sinne von den jeweiligen religiösen Werten ab, die wir erfahren haben. Wie ich zum Beispiel auf den Tod meiner Mutter reagiere, hängt davon ab, wie ich zu Sterben und Tod stehe und wie ich gelernt habe, damit umzugehen. Und ob ich zum Beispiel den Tod als eine Fortentwicklung oder als Vernichtung empfinde. Wenn ich in diesem Tod keinen Sinn sehe, werde ich mutlos und hoffnungslos. Mangelnde Alternativen führen zu mangelnden Zukunftsperspektiven. Daraus können sich existentielle Ängste entwickeln.

Soziale Ängste und Depressionen

Je nachdem, ob ich gelernt habe, bei Problemen mit anderen Menschen zu sprechen, oder ob ich der Meinung bin, ich müsse mit meinen Problemen allein fertig werden, ob in meiner Umgebung und Kultur ein Thema offen angesprochen werden kann oder tabuisiert ist, werde ich entweder sozial stabilisiert oder isoliert. So kann ich beim Tod meiner Mutter nach dem Motto „geteiltes Leid ist halbes Leid" durch Anteilnahme von Verwandten, Freunden, Bekannten und anderen Menschen das Gefühl der Geborgenheit empfinden, oder ich bitte darum „von Beileidsbesuchen Abstand zu nehmen", weil ich nach dem Motto „Jeder muss mit seinem Schicksal allein fertig werden!" versuche, mein Leid selbst zu tragen. Andererseits kann ich in die Geselligkeit fliehen und dadurch in emotionale Abhängigkeit geraten; wenn dann einmal niemand zur Verfügung steht, bin ich fix und fertig und sehe keinen Sinn mehr in meinem Leben.

Körper/Sinne
Risikofaktoren,
Psychosomatische Störungen
Vitale Ängste

Phantasie/Zukunft	*Beruf/Leistung*
Hoffnung/Hoffnungs-	Berufliche Unter- und
losigkeit	Überforderung
Hemmung der	Stress/Aggression
Phantasietätigkeit	Versagen und
Mangelnde Alternativen	Versagens-Ängste
Ratlosigkeit	
Existentielle Ängste	

Kontakt
Soziale Isolierung
Soziale Ängste
Hemmungen
Depressionen

Versagensängste und Stress

Je nachdem, wie meine Zukunftsperspektiven und meine soziale Akzeptanz ausgeprägt sind, bin ich mehr oder weniger in der Lage, die Funktionen meines Verstandes, die mit dem Lösen von Problemen zu tun haben und damit der Realitätsprüfung dienen, sinnvoll einzusetzen. Für die Aktualfähigkeiten Fleiß/Leistung und damit für mein berufliches Tun sind Denken und Verstand zentrale Funktionen, denn erst sie ermöglichen es, die Leistung zu optimieren. Dies hat Einfluss darauf, ob ich mit meinem Beruf zufrieden oder unzufrieden bin, ob ich die Flucht in die Arbeit oder die die Flucht vor Leistungsanforderungen wähle und umgekehrt. Wie ich beispielsweise den Tod meiner Mutter verarbeite, hängt auch davon ab, ob ich mich mit meinem Beruf identifiziere und einen Sinn in ihm sehe oder nicht.

Vitale Ängste und Risikofaktoren

Die Aufarbeitung von existentiellen Ängsten, von sozialen Ängsten und von Versagensängsten hängt einerseits von meiner körperlichen Konstitution ab, andererseits von meinem Körper-Ich-Gefühl, davon, wie ich meinen Körper erlebe und wie ich mit ihm umgehe (Ästhetik, Sport/Bewegung, Essverhalten, Schlaf-Wach-Rhythmus, Sexualität, Körperkontakt, Verhalten bei Krankheit).

Wenn Sie die folgenden Fragen beantworten, gewinnen Sie Einblick in die Ursachen Ihrer Ängste und Depressionen:

– Was halten Sie von folgenden Zitaten aus der Weltliteratur:
  „Furcht gibt Sicherheit." (Shakespeare)
  „Die Furcht hat ihren besondern Sinn." (Lessing)
  „Wer zu sterben gelernt hat, hört auf, Knecht zu sein."
  (Seneca)
  „Sorge macht alt vor der Zeit?"
– Kennen Sie noch andere Spruchweisheiten oder Sprachbilder?

– Antworten Sie mit körperlichen Symptomen auf Angst, Ärger, Unruhe und Konflikte?
– Haben Sie Schwierigkeiten, sich zu entspannen?
– Wann gehen Sie abends ins Bett? Können Sie nur schwer einschlafen? Schlafen Sie durch?
– Wachen Sie morgens sehr früh auf? Welche Bedeutung hat für Sie der Spruch „Morgenstund' hat Gold im Mund"? Neigen Sie dazu, sich morgens schlechter zu fühlen?
– Leiden Sie unter Kopf- oder Nackenschmerzen? Haben Sie eines der folgenden Symptome beobachtet: Zittern, Prickeln, Schwindelattacken, Schweißausbrüche, Herzrasen, Durchfall?
– Fühlen Sie sich verlangsamt, wie abgebremst?
– Haben Sie abgenommen, weil Sie an Appetitlosigkeit leiden?

- Basiert Ihre Depression auf körperlichen Krankheiten oder auf der Art und Weise, wie Sie gelernt haben, mit solchen umzugehen?
- Wurden Sie als Kind körperlich bestraft?
- Wie haben Ihre Eltern sich Ihnen gegenüber verhalten, wenn Sie krank waren? Wurde Ihre Krankheit ignoriert? Wurden Sie gepflegt und in den Mittelpunkt gestellt? War es erstrebenswert, auch bei Krankheit so lange wie möglich auf den Beinen zu bleiben?
- Nehmen Sie regelmäßig die verordneten Medikamente? Wissen Sie, wie die Medikamente wirken, was Sie von ihnen erwarten können und welche Nebenwirkungen möglich sind?
- Legen Sie oder Ihr Partner mehr Wert auf Fleiß und Leistung?
- Sind Sie mit Ihrem Beruf zufrieden? Investieren Sie Energien in Ihre Arbeit? Ist der Beruf, den Sie gewählt haben, ihr Traumberuf?
- Haben Sie Angst, beruflich zu versagen? Vertreten Sie Ihre Ansichten kompromisslos? Wie reagieren Sie bei Kritik oder mangelnder Anerkennung? Was mussten Sie früher tun, um von Ihren Eltern anerkannt und geliebt zu werden?
- Wie verhält sich Ihr Partner Ihnen gegenüber, wenn Sie krank, voll Angst oder depressiv sind? Werden Sie „bemuttert?" Oder glauben Sie, dass Ihr Partner kein Verständnis für Ihre Probleme hat?
- Haben Sie Probleme mit Ihrem Partner, die vielleicht schon über Jahre andauern und nach dem Motto „Steter Tropfen höhlt den Stein" zu Ängsten, Aggressionen und Depressionen führen? In welchen Bereichen?
- Wer von Ihnen ist kontaktfreudiger, Sie oder Ihr Partner?
- Hatten Sie als Kind viele Kontakte, oder waren Sie isoliert?
- Wenn Ihre Eltern Gäste hatten, durften Sie dabei sein und mitspielen?
- Fehlen Ihnen Kontakte und emotionale Wärme?
- Fühlen Sie sich durch soziale Verpflichtungen und Verflechtungen, die Sie für unausweichlich halten, überfordert?

- Beziehen sich Ihre Ängste auf das äußere Aussehen, sexuelle Potenz, soziale Isolierung oder „alltägliche Kleinigkeiten" wie Ordnung, Pünktlichkeit, Sauberkeit, Sparsamkeit usw.?
- Welche Kriterien muss ein Mensch für Sie erfüllen, damit Sie Kontakt zu ihm aufnehmen möchten?
- Stehen Sie für Ihre Meinung ein, auch wenn Sie anderen dadurch zuweilen „auf die Zehen treten"?
- Wissen Sie, wie Menschen in anderen Kulturen mit Krankheit, Arbeitslosigkeit, Trennung, Scheidung, Leid und Tod und den damit verbundenen Ängsten und Depressionen umgehen?
- Fühlen Sie sich antriebslos, ohne Energie? Haben Sie Ihr Interesse an manchen Dingen verloren?
- Haben Sie nur wenig Selbstvertrauen und Hoffnung?
- Mussten Sie eine Reihe schwerer Schicksalsschläge in den letzten Jahren einstecken? Welche? Wie sind Sie damit umgegangen?
- Empfinden Sie kleine Probleme und mikrotraumatische Situationen, die sich summieren, als unausweichliche Schicksalsschläge?
- Betrachten Sie nahezu alles, was um Sie herum vorgeht, als Bestätigung der Sinnlosigkeit, ausweglosen Ungerechtigkeit, Hoffnungslosigkeit oder Schuldhaftigkeit?
- Haben Sie das Gefühl, mit den Anforderungen des täglichen Lebens nicht mehr fertig zu werden, „überflüssig" zu sein?
- Empfinden Sie Angst vor der Zukunft, die sich in einem Gefühl der Sinn- und Ziellosigkeit äußert?
- Was würden Sie machen, wenn Sie keine Ängste und Depressionen hätten?
- Akzeptieren Sie Ihre Erkrankung auch als Chance, die bisher nicht erlebten Bereiche (Körper/Sinne, Beruf/Leistung, Kontakt, Phantasie/Zukunft) zu entwickeln?

Das Gute im Menschen wird erst ausgegraben,
wenn man ihn begräbt.
(GERHARD UHLENBRUCK)

Die ewige Illusion,
dass das Leben noch vor einem liege!
Das Leben liegt immer hinter einem.
(WILHELM RAABE)

Eine Geschichte auf dem Weg
am Ende des Buches

Wer die Menschen kennen lernen will,
der studiere ihre Entschuldigungsgründe.

Am Tage der Auferstehung wurde ein schlauer Mensch, der auf dieser Welt alle Untaten begangen hatte, zur Waage der Gerechtigkeit geholt. Es wurde festgestellt, dass seine Sünden gewichtiger waren als seine guten Taten, und er wurde Richtung Hölle geschickt. Da hob er die Hände hoch und sagte zu Gott: „Mit der Waage stimmt etwas nicht. Ich habe keine Sünden begangen und will nicht in die Hölle."

Das Meer göttlicher Gerechtigkeit wurde durch die Frechheit seines Dieners stürmisch, und Gott befahl, dass die Hände seines Dieners die Sünden gestehen sollten. Als die Hände anfingen, seine Schandtaten zu nennen, beanstandete der schlaue Mann: „Meine Hände sind meine Feinde. Sie wollten auf der Erde immer Bestechungsgeschenke annehmen. Ich habe es verhindert, deswegen sind sie keine guten Zeugen." Da kam der Befehl, dass seine Beine als Zeugen auftreten sollten. Doch die Beine bekamen keine Chance; der Mann lehnte auch sie ab und sagte: „Diese Beine wollten mich immer dorthin mitnehmen, wo die Sittsamkeit in Gefahr war. Sie sind keine brauchbaren Zeugen." Nun rief Gott die Augen als Zeugen auf. Der Mann rief empört: „Meine Augen wollten immer unkeusch sein und deshalb mit mir jetzt abrechnen. Ich habe die unkeuschen Blicke immer zugelassen."

Gott sprach: „Die Ohren sollen deine Sünden beweisen."

„Meine Ohren wollen mich in deiner Gegenwart blamieren. Sie wollten immer übler Nachrede lauschen. Ich habe sie ermahnt."

Endlich war der Geduldsfaden bei Gott gerissen. So viel Frechheit hatte er bei seinen Dienern noch nicht erfahren.

„O mein Diener, ich, Gott der Welten, bezeuge deine Sünden. Was sagst du jetzt?"

Selbst auf diesen Ruf hatte er eine Antwort: „O mein Schöpfer, an dein Zeugnis halte ich mich. Aber hast du nicht gesagt, dass zwei gerechte Zeugen immer die Bedingung sind für die Annahme der Taten? Zeige mir den zweiten Gerechten und Gleichberechtigten wie dich selbst; und ich werde bereit sein, zur Hölle zu gehen."

Gott und seine himmlischen Heerscharen fingen an zu lachen. Da rief Gott: „Dieser Mensch argumentiert zu viel! Lasst ihn gehen, wohin er will."

Dank

Zunächst bedanke ich mich bei den Dozenten unserer Wiesbadener Akademie für Psychotherapie, die für eine kreative Atmosphäre sorgten. Meinen Sekretärinnen Frau Jutta Alliger und Frau Margot Duckgeischel danke ich für die sorgfältige Sekretariatsarbeit. Mein besonderer Dank gilt Dr. Karin Walter, Herder Verlag, für ihre vielfältigen Unterstützungen und Ermutigungen. Meine Frau Manije und unsere Söhne Dr. Hamid und Dr. Nawid Peseschkian und Herr Dr. med. Dieter Schön haben mich zu diesem Buch in vielfältiger Weise motiviert.

Literatur

Adler, A.: „Individualpsychologische Behandlung der Neuro-sen", in: Praxis und Theorie der Individualpsychologie, 11. Aufl. Frankfurt am Main 2001

Baha'u'llah: Ährenlese, Baha'i-Verlag, Frankfurt am Main 1961

Battegay, R.: Psychoanalytische Neuronenlehre, Frankfurt am Main 1999

Benedetti, G.: Todeslandschaft der Seele, Göttingen 1998

Ebert, D. und Loew, Th.: Psychiatrie systematisch, 1. Aufl. Lorch/Württemberg 1995

Erikson, E. H.: Kindheit und Gesellschaft, Stuttgart 1971

Frankl, V.: Ärztliche Seelsorge; Grundlagen der Logotherapie und Existenzanalyse, Wien 1966

Freud, A.: Wege und Irrwege der Kinderentwicklung, Bern/Stuttgart 1968

Freud, S.: „Psychische Behandlung (Seelenbehandlung)", G. W., Bd. 5, 289–315, 10. Aufl. Frankfurt am Main 2001

Fromm, E.: Revolution der Hoffnung, Stuttgart 1971

Jork, K., Peseschkian, N.: Salutogenese und Positive Psycho-therapie – Gesund werden und Gesundbleiben, Bern 2003

Jung, C. G.: Psychologie und Religion, Zürich 1940

Peseschkian, H.: Die russische Seele im Spiegel der Psycho-therapie. Ein Beitrag zur Entwicklung einer transkulturel-len Psychotherapie, Berlin 2002

Peseschkian, N.: Psychotherapie des Alltagslebens, 11. Aufl. Frankfurt am Main 2001

Peseschkian, N.: Der Kaufmann und der Papagei, 26. Aufl. Frankfurt am Main 2001

Peseschkian, N.: Psychosomatik und Positive Psychotherapie, 4. Aufl. Frankfurt am Main 2002

Peseschkian, N.: Positive Familientherapie, 4. Aufl. Frankfurt am Main 1997

Peseschkian, N. und Boessmann U.: Angst und Depression im Alltag, Bd. 13302 (4. Auflage)

Peseschkian, N.: Wenn du willst, was du noch nie gehabt hast, dann tu, was du noch nie getan hast, 5. Aufl. Freiburg 2003

Peseschkian, N.: Mit Diabetes komm´ ich klar, Stuttgart 2001

Zum Vormerken:

Das nächste Buch von Nossrat Peseschkian bei Herder Spektrum: Das Leben ist ein Paradies, zu dem wir den Schlüssel finden können. ISBN 2-451-07030-8